Heinrich Lüders

Die Vyasa-ciksha besonders in ihrem Verhältnis zum Taittiriya-Praticakhya

Heinrich Lüders

Die Vyasa-ciksha besonders in ihrem Verhältnis zum Taittiriya-Praticakhya

ISBN/EAN: 9783743489974

Hergestellt in Europa, USA, Kanada, Australien, Japan

Cover: Foto ©Thomas Meinert / pixelio.de

Manufactured and distributed by brebook publishing software
(www.brebook.com)

Heinrich Lüders

Die Vyasa-ciksha besonders in ihrem Verhältnis zum Taittiriya-Praticakhya

Die Vyâsa-Çikshâ

besonders in ihrem Verhältnis zum

Taittirîya-Prâtiçâkhya.

Von

Heinrich Lüders
aus Lübeck.

Am 3. Juni 1893
von der philosophischen Fakultät der Universität Göttingen
gekrönte Preisschrift.

Göttingen 1894.
Druck der Dieterich'schen Univ.-Buchdruckerei (W. Fr. Kaestner).

Thema der Preisaufgabe.

Eine Bearbeitung der Vyâsa-Çikshâ mit einer Untersuchung über ihr Verhältnis zum Taittirîva-Prâticâkhya und zu verwandten Werken.

Das Urteil der Fakultät lautet:

Die sehr fleissige und umfangreiche Arbeit bietet den Text der Vyâsa-Çikshâ, soweit er sich mit dem zugänglichen handschriftlichen Material herstellen liess, mit Übersetzung; eine kritische Bearbeitung des indischen Kommentars für etwa zwei Drittel des Textes, mit einer ausführlichen Erklärung, die für das Verständnis sowohl der Çikshâ selbst wie der ihr verwandten Werke von grossem Werte ist; und eine längere Einleitung, in der das Verhältnis der Çikshâ zum Prâtiçâkhya in scharfsinniger Weise und mit Erzielung mancher neuer Resultate erwogen wird. Die Fakultät ist mit der Arbeit zufrieden und spricht dem Verfasser ihre Anerkennung namentlich dafür aus, dass er auch dem indischen Kommentare ein sorgfältiges Studium gewidmet hat. Sie hat beschlossen, der Arbeit den vollen Preis zu ertheilen.

Mit Erlaubnis der Fakultät ist anstatt der gesamten Arbeit zunächst nur diese die Einleitung enthaltende Abhandlung als Preisschrift gedruckt worden.

Die vorliegende Preisschrift gilt zugleich als Dissertation.

Referent: Herr Prof. Dr. F. Kielhorn.

Tag der mündlichen Prüfung: 23. Juli 1894.

Meinen Eltern.

Die ersten genauen Angaben über die Çikshâ finden sich im siebenten Buche des Taittirîya-Âraṇyaka, in der sogenannten Saṁhitâ-Upanishad, die daher auch den Namen Çikshâvallî führt[1]). Es werden daselbst die Titel der einzelnen Abschnitte angegeben, deren nähere Ausführung dem Vortrage des Lehrers überlassen blieb[2]). Wir ersehen daraus, dass der Stoff sich im wesentlichen mit dem der uns erhaltenen Prâtiçâkhya's und Çikshâ's deckte. Nehmen wir dazu, dass das Taittirîya-Prâtiçâkhya, vielleicht das älteste aller Prâtiçâkhya's, an wissenschaftlichem Ernste und an Genauigkeit der Beobachtung hinter keinem der übrigen Werke zurücksteht, ja sie zum Teil übertrifft und in der Form, die uns vorliegt, nur das Produkt anhaltender und ausgedehnter Studien sein kann, so können wir wohl mit Recht behaupten, dass von den vedischen Schulen die der Taittirîya's am frühesten und am meisten sich die Pflege der Çikshâ-Wissenschaft angelegen sein liess. Offenbar hat dieses Studium aber auch noch in der spätern Zeit, aus der die unter dem Namen Çikshâ gehnden Werke stammen, in dieser Schule geblüht. Es sind uns in der letzten Zeit besonders durch die Bemühungen Kielhorns und die Ausgaben

---

1) Hier steht *çikshâ*. Diese Form, etymologisch als Desiderativbildung zu *çâs* wie *îpsâ* zu *âp*, *dîkshâ* zu *dâç* durchaus berechtigt, ist in der klassischen Sprache durch *çikshâ* verdrängt worden; Çaṅkara erklärt das *çîkshâ* der oben genannten Stelle für vedisch. Nur die südindischen Handschriften weisen, soweit ich gesehen habe, durchgängig die Form mit der Länge auf. Wir müssen daher annehmen, dass sich in der Sprache der südlichen Brahmanen die alte Gestalt des Wortes gehalten hat. Nun ist aber die Vyâsaçikshâ, wie überhaupt wohl alle Çîkshâ's der Taittirîyaschule, im Dekhan entstanden, und es wäre demnach berechtigt, soweit es sich um diese handelt, die Form *çîkshâ* zu gebrauchen, wie E. Sieg es im Titel der Bhâradvâjaçikshâ getan. Allein das führt doch zu Unbequemlichkeiten, da man konsequenterweise die im Norden entstandenen Çikshâ's als „*çikshâ*“ bezeichnen müsste und so geradezu zu einer Doppelheit im Titel dieser Werke käme. Ich habe daher *çîkshâ* nur in den Text selbst aufgenommen, als Gattungsnamen und im Titel aber überall die herkömmliche Form gewählt.

2) Weber, Ind. Stud. 2, 211. Literaturgeschichte² 67.

in der Benares Sanskrit Series eine grosse Zahl von Çikshâtexten bekannt geworden. Von ihnen gehören dem Taittirîyaveda an die Vyâsaçikshâ, die Vâsishṭhaçikshâ, die Sarvasaṁmataçikshâ, der Çikshâsamuccaya, die Âraṇyaçikshâ, die Bhâradvâjaçikshâ und die Siddhântaçikshâ [1]). Schon eine oberflächliche Vergleichung der genannten mit den übrigen Werken lässt nun den Abstand erkennen, der zwischen ihnen besteht: im Durchschnitt überragen die Çikshâ's der Taittirîya's die aller anderen Schulen durch die Bestimmtheit ihrer Angaben und die genaue Beobachtung sprachlicher Erscheinungen. Sie suchen jedenfalls ihrer Aufgabe, die Recitation des Veda zu lehren, mehr im Sinne der älteren Prâtiçâkhya's gerecht zu werden, während die übrigen sich nur zu oft in ganz allgemeinen und darum nichtssagenden Vorschriften, in unfruchtbarer Systematisierung und leeren mystischen Spielereien verlieren.

Von den Çikshâ's der Taittirîya's ist bisher herausgegeben nur ein Teil der Sarvasaṁmataçikshâ [2]) und die kürzere Recension der

---

1) In Betreff der Zugehörigkeit zu den verschiedenen Veden s. für die Nâradîçikshâ, Vyâsaçikshâ, Âraṇyaçikshâ, Bhâradvâjaçikshâ und Siddhântaçikshâ Kielhorn, Remarks on the S'ikshâs, im Indian Antiquary 5, 193ff., für die Mâṇḍûkîçikshâ ausserdem noch Weber, Pratijñâsûtra S. 106, für die Sarvasaṁmataçikshâ und den Çikshâsamuccaya A. O. Franke in der Einleitung zu seiner Ausgabe der Sarvasaṁmataçikshâ S. V. Von der Vâsishṭhaçikshâ ist mir nur die von Kielhorn a. a. O. S. 196 beschriebene Handschrift zugänglich, die offenbar nur ein Stück des ganzen Werkes enthält. Immerhin genügt aber das vorhandene, um die Çikshâ mit Bestimmtheit dem Taittirîyaveda zuweisen zu können. Auf Bl. 1ᵇ wird nämlich der *âgama* vor *ch*, *khi* und *bhuja* gelehrt, eine Vorschrift, die speziell den Taittirîya's angehört (Pr. 14, 8). Ausserdem verweist der Kommentar mehrere Male auf das Taittirîya-Prâtiçâkhya (14, 17 auf Bl. 2ᵃᵇ; 16, 2 auf Bl. 3ᵇ; 15, 8 auf Bl. 3ᵇ) und bringt als Beispiele Stellen aus der Taittirîyasaṁhitâ (auf Bl. 2ᵃ). Die von Yugalakiçora Vyâsa in seiner Collection of Çikshâs (Benares Sanskrit Series) veröffentlichte Vâsishṭhî Çikshâ hat mit der eben besprochenen nichts als den Namen gemeinsam. Sie bildet ein Glied des weissen Yajurveda. Es möge hier noch bemerkt werden, dass zum weissen Yajurveda auch die Yâjñavalkyaçikshâ gehört, wie die zahlreich vorkommenden Citate aus der saṁhitâ beweisen.

2) Von A. O. Franke. Göttingen 1886. Leider scheint es, als ob die Handschrift, die Franke benutzt hat, nur einen verstümmelten Text oder mindestens eine kürzere Recension enthält. Wenigstens besitzt die Berliner Bibliothek ein Manuskript, das nach den Angaben des Katalogs (II, 94) einen viel umfangreicheren und geordneteren Text bietet. Auch die in dem Manuskript der Mackenzie-Collection Nr. 94 enthaltene Handschrift weist, soweit eine wegen Zeitmangels nur flüchtige Durchsicht erkennen liess, einen längeren Text auf, der ausserdem von einem bisher nur aus Bhandarkar's Report on the Search for Sanskrit Ma-

Bhâradvâjaçikshâ [1]). Die letztere nimmt, im Verein mit der Siddhântaçikshâ, in Folge ihrer ganzen Anlage eine besondere Stellung ein; ihr Wert liegt vor allem in der Kontrole, die sie uns für den Text des Veda gewährt. Von der Sarvasaṁmataçikshâ behauptet der Herausgeber (S. v.), dass sie trotz mancher Mängel die klarste und vielseitigste Darstellung dessen gebe, was eine Çikshâ lehren soll. Ich glaube, dass mit noch grösserem Rechte die Vyâsaçikshâ auf dieses Lob Anspruch erheben kann, und dass sie alle anderen Çikshâ's der Schule wie an Umfang so an Inhalt bei weitem überragt. Schon der Umstand, dass sie eine systematisch geordnete und erschöpfende Darstellung aller der Veränderungen enthält, die sich bei der Konstruktion des Saṁhitâpâṭha aus dem Padapâṭha ergeben, sichert ihr den Vorrang vor den verwandten Schriften, die gerade dieses Gebiet fast vollständig vernachlässigen, und erhebt sie auf die Stufe eines Prâtiçâkhya. Ihre hohe Bedeutung scheint denn auch in Indien selbst anerkannt zu sein und ihren Ausdruck in der Stellung gefunden zu haben, die die einheimische Tradition ihr anweist. Unter den neun Çikshâ's, die eine geschlossene Gruppe zu bilden scheinen [2]), und nach denen dem Kommentar zufolge Çrînivâsadîkshita seine Siddhântaçikshâ gearbeitet hat [3]), wird unsere Çikshâ an zweiter Stelle, nach der Bhâradvâjaçikshâ, genannt. Dass die letztere hier den Vorrang hat, ist begreiflich, da sie die unmittelbare Vorlage bildete. In einer andern, etwas abweichenden Aufzählung der neun Çikshâ's, die das Manuskript 1498 der Berliner Bibliothek enthält [4]), wird die Vyâsaçikshâ als die erste bezeichnet.

Für uns erhält die Vyâsaçikshâ ein besonderes Interesse durch das Verhältnis, in dem sie zum Taittirîya-Prâtiçâkhya steht. Kielhorn hat (Indian Antiquary 5, 196 ff.) gezeigt, dass sie sich in längeren Abschnitten auf das allerengste an das Prâtiçâkhya

---

nuscripts during 1883—84 (S. 287) bekannten Kommentare begleitet ist. Als Verfasser nennt sich hier Keçavârya, als Kommentator Âlamûrimañci Bhaṭṭa. Der Schluss lautet (Bl. 49b):
Surudevabadbeṅdrasya nandanena mahâtmanâ |
pranîtaṁ Keçavâryeṇa lakshaṇaṁ sarvasaṁmataṁ ||
ity Âlamûrimañccibhaṭṭaviracite Sarvasaṁmataçîkshâvivaraṇam atinirmalaṁ ||

1) Von E. Sieg. Berlin 1892.

2) Auch der Verfasser der Âraṇyaçikshâ gibt an, sein Werk auf neun Çikshâ's begründet zu haben (Kielhorn a. a. O. S. 193).

3) s. Kielhorn a. a. O. 198.

4) Weber, Verzeichnis II, 93.

anschliesst, und hat zugleich auf den Gewinn hingewiesen, den wir aus dieser Tatsache ziehen können. Erstens sehen wir, dass die Çikshâ's nach den Prâtiçâkhya's und teilweise in direktem Anschluss an dieselben entstanden sind. Damit sind die Ansichten widerlegt, die zuerst Haug in seiner Abhandlung „Über das Wesen und den Werth des wedischen Accents“ S. 63 ff. und nach ihm Burnell in der Schrift „On the Aindra School of Sanskrit Grammarians“ S. 47 über das hohe Alter der Çikshâ's und ihre Priorität den Prâtiçâkhya's gegenüber geäussert haben. Zweitens aber haben wir in der Çikshâ ein neues Hilfsmittel für die Erklärung des Prâtiçâkhya, von dem wir um so mehr erwarten können, als es älter ist als das Tribhâshyaratna. Im Verlauf der Untersuchung wird sich zeigen, dass diese Erwartung nicht ganz ungerechtfertigt ist, und dass die Çikshâ in einigen Fällen zur Aufklärung der Geschichte des Taittirîya-Prâtiçâkhya wie zum Verständnis seiner Regeln nicht unwesentlich beiträgt.

Bevor wir uns zu einer Betrachtung der Çikshâ selbst wenden, müssen wir kurz die Frage nach der handschriftlichen Überlieferung berühren. Die mir zu Gebote stehnden Handschriften, die alle ausser dem Texte der Çikshâ auch den Kommentar, das Vedataijasa, enthalten, sind die folgenden:

A. Palmblatthandschrift, von Prof. Kielhorn der Kgl. Bibliothek zu Göttingen geschenkt (Sanskr. 34). 80 Blätter. In Granthacharakteren. Sehr sorgfältig geschrieben.

B. Palmblatthandschrift aus Madras, von Prof. G. Oppert geliehen. 68 Blätter. In Granthacharakteren. Die Schlussblätter fehlen; die Handschrift bricht im Kommentar zu Regel 247 ab.

C. Palmblatthandschrift der Mackenzie Collection des India Office (Nr. 94). In Nandinâgarîcharakteren. Eine Sammelhandschrift, die neben der Âraṇyaçikshâ (unvollständig), der Bhâradvâjaçikshâ (unvollständig), der Sarvasammataçikshâ und mehreren kleineren auf den Taittirîyaveda bezüglichen Schriften verwandten Inhalts von Bl. 111ᵇ—155ᵇ unsere Çikshâ enthält. Die Handschrift ist nicht zu Ende geschrieben; sie schliesst im Kommentar zu Regel 158.

D. Moderne, für Professor Kielhorn angefertigte Abschrift in Nâgarî, die auf ein Granthamanuskript zurückgeht. Jetzt im Besitze der Kgl. Bibliothek zu Göttingen (Sanskr. 33). Ziemlich fehlerhaft.

E. Moderne Abschrift eines Granthamanuskriptes in Nâgarî, von Dr. Hultsch besorgt. Sehr flüchtig und schlecht geschrieben.

Eine genauere Darstellung des Verhältnisses dieser Handschriften zu einander behalte ich mir für die Textausgabe vor; hier sei nur das Wichtigste bemerkt. Von allen fünf Handschriften ist A bei weitem die beste und daher dem Texte zu Grunde gelegt. B und C gehn auf eine gemeinsame Quelle zurück, desgleichen D und E. Die Stammhandschrift der letzteren zeichnet sich durch eine grosse Menge von Interpolationen aus. D ist dann nochmals wieder durchverbessert. Gleiche Fehler beweisen, dass allen fünf Handschriften eine einzige zu Grunde lag.

Ich gebe im folgenden zunächst eine Inhaltsübersicht der Çikshâ.

Einleitung.

I. Erläuterungen.

a. Definitionen und Bildung von technischen Ausdrücken.

1. Einleitung.
2. Definition von svara.
   Definition von vyañjana.
3. Definition von sparça.
   Definition von antasthâ.
4. Definition von ûshman.
5. Definition von varga.
   Bildung des Namens eines varga.
6. Definition von prathama u. s. w. und uttama (*scil.* sparça).
7. Definition von aghosha.
8. Definition von ghoshavat.
9. Definition von varṇa.
10. Definition von savarṇa.
    Definition von lopa.
11. Definition von pṛkta.
12. Definition von nâda.
13. Bildung der Namen von Vokalen mit *varṇa*, mit *kâra* und *t*.
14. Bildung der Namen von Konsonanten mit *akâra*.
    Bildung des Namens von *r* mit *epha*.
15. Verfahren bei der Citierung von Wörtern aus dem Veda.
    Verfahren in zweifelhaften Fällen.
16. Bedeutung von *kâra* und ähnl.
    Bedeutung von *api* und *ca*.
17. Bedeutung von *tu*, *atha* und *eva*.
18. Bedeutung von *an*, *a*, *mâ* und *na*.
19. Definition von saṁmiçra.
    Definition von saṁbandha.

20. Definition von saṁyoga.
21. Definition von virâma.
Definition von avasâna.
22. Behandlung eines trennbaren Wortes.
Definition von avagraha.
23. Definition von ârsha.
24. Definition von saṁhitâ.
Definition von pada.
25. Definition der pada-, svara-, varṇa- und aṅga-saṁhitâ.
26. Doppelheit der saṁhitâ.
Zahl der saṁhitâ's.
27. Definition der prakṛti.
28. Bildung des krama.
Bildung des kramapâṭha.
29. Bildung des trikrama.
30. Bildung der jaṭâ.
31. Bildung der jaṭâ eines trikrama.
32. Definition von anuloma und viloma.
33. Bildung des jaṭâpâṭha.
34. Aufzählung der upasarga's.
35—50. Definition der pragraha's: Einleitung.
Aufzählung der einzelnen Fälle.
Beständige Geltung des terminus pragraha.
51. Ausnahmen zu der Liste der pragraha's.
52. Hervorhebung von Wörtern mit *iti* im unverbundenen Texte.
53. Wiederholung von Wörtern mit dazwischen gesetztem *iti* im pada- und kramatexte.
54. Ausnahmen zu der Liste der upasarga's für den pada- und kramatext.

b. **Erklärungen für die Anwendung der Regeln.**

55. Anwendungsgebiet der Regeln für Wörter, die in Verbindung mit einem nimitta citiert werden.
56. Begriffsumfang des terminus pada im Bereiche der Çikshâ.
57. Implicite-Bezeichnung einer verlängerten Silbe durch eine kurze und einer kurzen durch eine verlängerte.
58. Reihenfolge bei der Anwendung der Regeln und bei der Behandlung der Wörter in der saṁhitâ.
59. Verhältnis einer allgemeinen Regel zu einer Specialregel.
60. Gleichheit einer in der saṁhitâ wiederholten Stelle mit einer vorausgehnden.

61. Anwendung der Regeln über die Verschmelzung von *e* und *o* mit *a* bei der Bildung der jaṭâ's.
62. Gültigkeit einer Regel, die sich auf eine einzelne Stelle der saṁhitâ bezieht, bei der Bildung der jaṭâ's.
63. Gültigkeit der Regeln über Veränderungen u. s. w. im krama- und jaṭâtexte.
64. Anwendungsgebiet der für den ṛshitext und der allgemein gegebenen Regeln in der jaṭâ.

II. Lautveränderungen beim Zusammentreffen der Wörter in der saṁhitâ.

a. Verlängerung eines an- oder auslautenden Vokals.

65. Einleitung.
66. Verlängerung im Anlaute von Wörtern.
67—77. Verlängerung im Auslaute von ersten Gliedern von Kompositen.
78—104. Verlängerung im Auslaute selbständiger Wörter.

b. Einschiebung von Lauten.

105. Einschiebung von *ç*.
106. Einschiebung von *ç* und von *s*.
107. Einschiebung von *s* und von *d*.
108. Einschiebung von *k* und von *t*.

c. Schwund von Lauten.

109. 110. Schwund des visarga.
111. Schwund von *m* und von *v*.
112. Schwund von *m* und von *yâ*.
113. Schwund von *m*.
114. Schwund von *s*.

d. Veränderung verschiedener Laute.

115. Einleitung.
Übergang von *ṛ* in *ar*.
116. Übergang von visarga in *r* und eines folgenden *s* in *sh*.
117. Übergang von *n* in *ç* und Ausnahmen dazu.
118. Übergang von *h* in den vierten sparça.
119. Übergang von *ç* in *ch*.
Übergang von *t* in *l*.
120. Übergang von *t* in *c* und *n* in *ñ*.
121. Übergang von *n* in nasaliertes *l*.

122. Übergang von *m* in den nasalen sparça oder die nasale antasthâ.
123. Übergang von *m* in den uneigentlichen anusvâra.

e. Verwandlung von *s* und visarga in *sh*.

124. 125. Einleitung.
Aufzählung der einzelnen Fälle für *s*.
126. Aufzählung der einzelnen Fälle für den visarga.
127—129. Ausnahmen für die Verwandlung von *s*.
130. 131. Gegenausnahmen zu den letzteren.
Anhang:
132. Übergang von *t* in *ṭ*, von *th* in *ṭh*.
133. Übergang von ursprünglichem *n* in *s*.

f. Verwandlung von *n* in *ṇ*.

134—140. Einleitung.
Aufzählung der einzelnen Fälle.
141. Ausnahmen zu der Liste.
Anhang:
142. Übergang des ersten sparça in den letzten und in den dritten.
Übergang in den dritten vor *m* in einem bestimmten Falle.

g. Verwandlung und Schwund des visarga.

143. Einleitung.
Behandlung vor Vokalen und tönenden Konsonanten.
144—146. Behandlung eines visarga, dem *a* vorausgeht, vor Vokalen und tönenden Konsonanten in bestimmten Fällen.
147. Behandlung des aus visarga entstandenen *r* vor *r*.
148. Behandlung des nach Abfall des visarga auslautenden *a* in bestimmten Fällen.
149. Behandlung von *aḥ* vor *a* und tönenden Konsonanten.
150—154. Behandlung des visarga vor *k*, *kh* und *p* in bestimmten Fällen.
155. Ausnahmen zu den letzteren.
156. Behandlung des visarga vor einer mit ûshman anlautenden Konsonantenverbindung.
Behandlung des visarga, dem *â* oder *â*3 vorausgeht, vor tönenden Konsonanten.
157. Behandlung des visarga vor tonlosen Konsonanten.
158. Behandlung vor *k*, *kh*, *p*, *ph* und vor *ksh*.

Behandlung des visarga, dem *â* oder *â*3 vorausgeht, vor Vokalen.

h. Behandlung einiger Konsonanten und Vokale vor Vokalen.

159—161. Übergang von *n* in *y* oder *r*. Aufzählung der einzelnen Fälle.
162. Ausnahmen zu den letzteren.
163. Anwendung der Regeln 159—162 bei der Bildung der jaṭâ.
164. Behandlung von *e* und *o* vor Vokalen ausser *a*.
Behandlung von *ai* und *au*.
165. Behandlung des Wortes *u*.
166. Behandlung des *i*-Vokals und des *u*-Vokals vor nicht homogenen Vokalen.
167. Behandlung des substituierten *y*, dem ein *a*-Vokal vorausgeht.
Anhang:
168. Verbot der sandhiregeln für die pluta- und pragrahavokale und für den Fall, dass ein *y* geschwunden ist.
169. Einschiebung von anusvâra vor *n*, für das *r* oder ûshman, vor *m*, für das Schwund, und vor *n*, für das abfallendes *y* substituiert ist.
170. Verbindung des anusvâra mit *g* in der Recitation.
Ausnahme dazu.

i. Verschmelzung zweier Vokale.

171. Einleitung.
172. Verschmelzung der ersten acht Vokale mit einem folgenden gleichartigen.
173. Einleitung für die Fälle, wo ein *a*-Vokal an erster Stelle steht.
Verschmelzung mit einem *i*-Vokal.
174. Verschmelzung mit einem *u*-Vokal.
Verschmelzung mit *e* und *ai*.
175. Verschmelzung mit *o* und *au*.
Verschmelzung mit *ṛ*.
Verschmelzung des *a*-Vokals einiger Präpositionen mit *ṛ*.
176. Ausnahmen zu den Regeln 173—175.
177. Verschmelzung des *a*-Vokals mit *e* und *o* in bestimmten Wörtern.
178. Verschmelzung eines *e* und *o* mit folgendem *a*.
179—189. Ausnahmen dazu: Einleitung.
Aufzählung der einzelnen Fälle.

190—195. Gegenausnahmen dazu: Einleitung.
Aufzählung der einzelnen Fälle.
Anhang:
196. Gültigkeit der Regeln für andere Werke und den nicht von den ṛshi's stammenden Text.

III. Accent.

197. Einleitung.

a. Natur der Accente.

198. Länge des Körpers beim udâtta.
199. Kürze des Körpers beim anudâtta.
200. Natur des svarita.
201. Natur des pracaya.
202. Bezeichnungsstellen der vier Accente am Körper.
203. Beispiel eines Wortes, in dem alle vier Accente enthalten sind.

b. Zusammentreffen der Accente in der saṁhitâ.

204. Entstehung, Name und Eigenschaft des vikrama.
205. Verschmelzung eines Accentes mit einem udâtta.
Verschmelzung von svarita und anudâtta.
206. Entstehung und Name des abhinihata.
207. Entstehung und Name des kshaipra.
208. Entstehung und Name des praçlishṭa.
209. Wesen und Name des nitya.
210. Entstehung des kampa.
211. Name des kampa.
Verlängerung einer kurzen kampasilbe.
212. Vorkommen des kshaiprakampa.
213. Vorkommen des praçlishṭa-, nitya- und abhinihatakampa.
214. Entstehung und Vorkommen des udâttakampa.
215. Entstehung des abhängigen svarita.
216. Verbot für den Eintritt des abhängigen svarita und des pracaya.
217. Entstehung des pracaya.
218. Name des tairovyañjana.
219. Name des pâdavṛtta.
Name des prâtihata.
220. Stärke der Markierung des udâtta und anudâtta im nitya, im kshaipra und in den übrigen svarita.

221. Stärke des prayatna beim nitya und beim kshaipra.
222. Stärke des prayatna beim praçlishṭa, beim abhinihata und bei den übrigen svarita.
223. Behandlung eines svarita vor nâda und anusvâra.
224. Accent der svarabhakti nach einer svaritasilbe und Accent der letzteren selbst.
Accent des *r* vor *ṛ*.
225. Accent der svarabhakti nach *âya*.
Accent der svarabhakti nach *ḍa* und *dhû*.
226. Accent der svarabhakti in einem einzelnen Falle im Âraṇyaka.
227. Lage des svarita bei einem kurzen Vokal.
Lage bei einem langen Vokal.
228. Lage des svarita bei einem langen Vokal in besonderen Fällen.

Anhang:

229. Verdienst der Kenntnis der jaṭâ, der Verbindungen der Laute und der Accente.

c. Bezeichnung der Accente durch Fingerbewegungen.

230. 231. Bezeichnung des anudâtta, svarita, pracaya und udâtta.
232. Bezeichnung des svarita vor nâda und anusvâra.
233. Bezeichnung des svaritakampa.
234. Bezeichnung des udâttakampa.
235. Bezeichnung des Accentes bei einem Laute, der den Terminus pṛthak führt (vgl. 276. 277).
236. Verbot der letzteren bei einem in der Pause stehnden Konsonanten.
237. Schluss.
238. Verdienst der Bezeichnung der Accente.

IV. Zusammentreffen von Lauten im Wortinnern.

a. Konsonantenverdopplung.

239. Verdopplung vor einem Konsonanten.
240. Verdopplung eines sparça nach *l* und *v*.
241. Verdopplung nach *r*.
242. Verdopplung von auslautendem *n* und *ṅ*.
243. Verdopplung des anusvâra und des ersten Konsonanten einer folgenden Verbindung.

b. Konsonanteneinschub.

244. Einschub des nichtaspirierten sparça vor dem aspirierten.
245. Einschub des nichtaspirierten sparça vor *ch*, *khi* und *bhuja* nach bestimmten Wörtern.
246. Verdopplung oder Vorkommen des nichtaspirierten sparça vor dem aspirierten, in der grammatischen Form des Wortes bedingt.
247. Einschub des nichtaspirierten im Kâṭhaka in einem einzelnen Falle.
248. Zusatz: Verwandlung von *n* in *ñ* nach *ç* im Taittirîyaveda mit Ausnahme des Kâṭhaka.
249. Einschub zwischen sparça und ûshman.
250. Einschub zwischen *ñ* und *t* oder *dh*.
251. Einschub der yama.

Anhang:

252. Ersetzung des ersten sparça durch den zweiten vor einem ûshman.
253. Aussprache des verdoppelten nâda.

c. Ausnahmen zu den Regeln über die Verdopplung und den Einschub von Konsonanten.

254. Einleitung.
255. Ausnahme für *y*, visarga und *r*.
256. Ausnahme für die ûshman's.
     Ausnahme für *v*.
257. Ausnahme für *l*.
258. Ausnahme für einen Konsonanten, dem ein Konsonant des gleichen varga oder ein gleichartiger folgt.
259. Ausnahme für *n* und *ñ*.
260. Unverbundenheit eines *n* mit den folgenden Lauten.
261. Name des im varṇakrama nicht mit einem Vokal verbundenen Lautes.

Anhang:

262. Lohn für die Anwendung der Regeln über Verdopplung und Einschub.

d. Silbenzugehörigkeit der Konsonanten.

263. Einleitung.
264. Zugehörigkeit des Konsonanten.
     Zugehörigkeit des Konsonanten in der Pause.

265. Zugehörigkeit des *r*, dem *r* folgt.
266. Zugehörigkeit des anusvâra, des visarga, der svarabhakti, des ersten Konsonanten einer Gruppe und des nicht mit dem folgenden verbundenen Konsonanten.
267. Zugehörigkeit eines aus einem ûshman entstandenen sparça.
268. Zugehörigkeit der svarabhakti nach einer pracayasilbe, wenn eine pracayasilbe folgt.
Zugehörigkeit eines *r*, dem ein mit pracaya versehenes *r* folgt.
269. Zugehörigkeit des Konsonanten vor ungleichartigem Halbvokal.
270. Zugehörigkeit eines sparça vor einem zur folgenden Silbe gehörenden ûshman.

e. Svarabhakti.

271. Eintritt der svarabhakti.
272. Aussprache der svarabhakti.
273. Geschlossenheit der svarabhakti.
274. Offenheit der svarabhakti.
275. Arten der svarabhakti: kareṇu, karviṇî, hariṇî, hâritâ.
276. Pṛthak-Eigenschaft der svarabhakti.
277. Pṛthak-Eigenschaft eines anderen Lautes.
Verbot der pṛthak-Eigenschaft für die svarabhakti in einem bestimmten Falle.

V. Hervorbringung der Laute.

278. Entstehung der tiefen, mittleren und hohen Tonlage.
279. Anwendung derselben bei der Recitation.
280. Entstehung des nâda, çvâsa, hakâra und arka.
281. 282. Zugehörigkeit der einzelnen Laute zu denselben.
283. Angabe der sthâna und karaṇa.
284. Stellung der Lippen bei den auf den *u*-Laut zurückgehnden Lauten und beim zweiten Teile des *au*.
285. Sthâna beim Beginne der nicht mit einem Konsonanten verbundenen Vokale.
286. Stellung der Lippen beim *a*-Laut.
Stellung der Gaumen beim *i*-Laut.
Stellung der Lippen und Gaumen beim *ai*.
287. Stellung der Lippen beim *au*.
Stellung der Lippen beim *o*.
Stellung der Lippen und Gaumen beim *e*.

288. Hervorbringung der *k*-, *c*-, *t*- und *p*-Reihe.
289. Hervorbringung der *ṭ*-Reihe.
290. Hervorbringung des *y*.
Hervorbringung des *r*.
291. Hervorbringung des *l*.
292. Hervorbringung des *v*.
Sthâna der ûshman's ausser *h*.
293. Sthâna des *h* und des visarga.
294. Stärke des prayatna bei den ûshman's und den Vokalen ausser den *i*- und *u*-Lauten.
295. Stärke des prayatna bei allein stehnden Vokalen.
296. Stärke der Berührung bei den sparça's.
Stärke der Berührung bei den übrigen Konsonanten.
297. Stärke der Berührung bei den zweiten und vierten sparça's.
298. Nasalität des *h* in bestimmter Stellung.
299. Brustton des *h* in bestimmter Stellung.
300. Nasalität der yama's, des anusvâra und der fünften sparça's.
301. Nasalität der Vokale, der antasthâ's und des *h*.
302. Nasalität eines auslautenden pluta-*a*.
303. Klang eines solchen *a* und Name (rañga).
304. Aufzählung der pluta-rañga's.
305. Aufzählung der langen rañga.
306—308. Aufzählung der plutavokale.
309. Zahl der Laute.
310. Entstehung der dviroshṭhya's.
311. Entstehung des mâṇḍûkoshṭhya.
312. Stärke der Aussprache eines sparça, dem ein zweiter sparça folgt, und eines *m* in der Pause.
313. Stärke des prayatna beim ersten Laute von zweien desselben varga in der Pause.
314. Stärke des prayatna bei *om*, wenn ein Laut der *p*-Reihe folgt.

VI. Zeitmessung der Laute und Pausen.

315. Mass einer, zweier und dreier mâtrâ.
316. Mass des aṇu und einer halben mâtrâ.
317. Mass einer mâtrâ.
318. Mass eines Konsonanten, dem ein Konsonant folgt.
319. Mass der Pause zwischen zwei Lauten.
320. Mass der Konsonanten, der svarabhakti, des visarga, des auslautenden *n* nach kurzem Vokal, wenn *y*, *v* oder *h* folgt, und des *v*, dem ein sparça folgt.

Mass des *l* in der Pause.
321. Mass der Pause nach einem visarga, wenn *ksh* folgt.
322. Mass der Pause vor einer Konsonantenverbindung.
Mass der Pause bei den dviroshṭhya's vor *au* und *v*.
323. Eintreten und Mass der pipîlikâ, der madhyâ, der pâkavatî und der vatsânusṛti.
324. Mass des anusvâra vor Vokal.
325. Mass der Pause zwischen anusvâra und Vokal.
Entstehung und Mass der vaiçeshikâ.
326. Mass der Pause am Ende des praṇava vor einem Laut der *p*-Reihe, am Ende eines avagraha und eines Satzes.
327. Mass der Pause am Ende eines Wortes im padapâṭha und am Ende des praṇava.
328. Mass des Konsonanten und des Vokals nach einer svaritasilbe.
329. Mass des anusvâra vor einem ûshman und *r*.
330. Mass des anusvâra vor einer Konsonantenverbindung.
331. Mass des *n̄* und des *n* vor *kh* und *th* mit folgendem *s*, wenn ein kurzer Vokal vorhergeht.
332. Mass des *n̄* und des *n* vor nicht beständigen *kh* und *th* mit folgendem *sh* und vor *h* mit folgendem Konsonanten, wenn ein kurzer Vokal vorhergeht.
333. Mass des unverbundenen *n* nach langem Vokal, wenn *y*, *v* oder *h* folgt.
334. Mass des nâda nach kurzem und langem Vokal.
335. Mass des Vokals im praṇava.
336. Zusatz: Endung und Accent des praṇava im Yajurveda.
Accent in bestimmten Fällen.
337. Mass der Vokale.
338. Mass der Pause am Ende einer ṛc und in der Cäsur.
339. Mass der Satzpause an bestimmten Stellen im Brâhmaṇa und Âraṇyaka.
340. Mass der Pause am Ende eines kâṇḍa, eines praçna und eines anuvâka.
341. Mass der Pause am Ende eines Werkes.
342. Definition von hrasva.
Definition von dîrgha.
Definition von pluta.
Definition von pâda.
343. Die drei Tempi (vṛtti) des Vortrags.
344. 345. Nutzen der Lehre vom prayatna und der Zeitmessung als den Grundlagen für den artikulierten Laut (varṇa).
346. Das mittlere Tempo als Grundlage der Zeitmessung.

VII. Verschiedenes[1]).

347. Verbot des Atemholens innerhalb eines Wortes.
Verbot des Atemholens nach bestimmten Wörtern.
348. Verbot des Atemholens vor bestimmten Wörtern.
349. Sthâpitavya-Eigenschaft gewisser Konsonanten und Wörter.
350. Verbot derselben für bestimmte Abschnitte.
351. Definition von guru.
Definition von laghu.
352. Definition von gaṇa.
353. Namen, Schutzgottheiten und Nutzen der einzelnen gaṇa.
354. Die fünf râçi der Laute.
355. Die Schutzgottheiten der râçi.
356. Die Kastenzugehörigkeit der Accente.
357. 358. Die Kastenzugehörigkeit der Laute.
359. 360. Zweck der Kenntnis der Kastenzugehörigkeit.
361. Richtige Aussprache der Laute.
362. Vorzüge eines Recitators.
363. Zweck des *om* am Anfange und am Ende eines Abschnittes.
364. Schaden, der durch das Fortlassen des *om* entsteht.
365. Das am Anfang und das am Ende stehnde *om* als Glieder (aṅga) des Veda.
366. Die upâṅga des Veda.
367. Aufzählung der Eigenschaften der Laute.
368. Notwendigkeit der vorgetragenen Lehre.
369. Gebiet der vorgetragenen Lehre.
370. 371. Nutzen der Lehre.
372. 373. Nutzen der Vyâsaçikshâ.

Vergleichen wir die vorstehnde Übersicht mit der von Whitney (S. 436—438) für das Prâtiçâkhya gegebenen, so sehen wir, wie eng sich in grossen Abschnitten die Çikshâ an das Prâtiçâkhya anschliesst und wie viel auf den ersten Blick die Behauptung Kielhorns für sich hat, dass die Vyâsaçikshâ kaum etwas anderes als ein versificiertes Prâtiçâkhya sei. Damit ist aber auch der Standpunkt gegeben, von dem aus das Werk

---

1) In diesem Abschnitte, besonders im letzten Teile desselben, ist vielleicht einiges erst später hinzugefügt. Auch ist nicht immer zu entscheiden, ob die Regel wirklich der Çikshâ angehört oder nur ein Citat des Kommentars ist. Die letzten vier Regeln sind gar nicht kommentiert.

betrachtet werden muss. Nur indem wir Punkt für Punkt die Vergleichung mit dem Prâtiçâkhya durchführen, können wir zu einer richtigen Würdigung der Leistungen des Çikshâverfassers gelangen und zugleich die Entwicklung beobachten, die die Çikshâwissenschaft im Laufe der Zeit in Indien durchgemacht hat.

Bevor wir aber an eine Vergleichung der Çikshâ mit dem Prâtiçâkhya im einzelnen herangehn, ist die Frage zu entscheiden, ob der Text des Prâtiçâkhya dem Çikshâverfasser in derselben Gestalt vorgelegen hat, in der er uns überliefert ist. Ich glaube, dass diese Frage verneint werden muss.

Dass zunächst die jetzige Form des Prâtiçâkhya kaum die ursprüngliche sein kann, hat schon Whitney (S. 432) bemerkt. Er weist zur Begründung unter anderm auf gewisse Regeln hin, die offenbar nicht an der richtigen Stelle stehn, da sie den natürlichen Zusammenhang unterbrechen. Er zählt eine ganze Reihe solcher Regeln auf und bemerkt, dass nur zwei von ihnen, nämlich 7, 13 und 14, unerlässliche Bestandteile eines Werkes wie des Prâtiçâkhya und daher vom Verdachte der Interpolation frei seien. Ich möchte noch auf eine dritte Regel aufmerksam machen, deren Ursprünglichkeit ausser Frage ist, und die ebenfalls am unrichtigen Orte steht. Es ist dies sûtra 14, 4, das die Verdopplung eines Konsonanten nach *r* lehrt. Der Wortlaut desselben schliesst sich aufs allerengste an sûtra 14, 1 an; das neutrum *param* kann nur auf das dort genannte *vyañjanam* gehn. In dem uns vorliegenden Texte wird aber diese Beziehung durch das Dazwischentreten von zwei sûtra's, die ein neues Subjekt, nämlich *sparçaḥ*, enthalten, vollständig gestört. Dieser Umstand, der um so mehr befremdet, als die anuvṛtti in dem Werke im allgemeinen sehr klar und einfach ist, würde meiner Ansicht nach allein schon zu der Annahme einer Vertauschung der Regeln genügen; zum Überfluss wird die Richtigkeit dieser Annahme aber auch noch durch ein anderes Zeugnis bestätigt. Es liegt mir nämlich ein Fragment der schon oben erwähnten Vâsishṭhaçikshâ [1]) vor, das mit den Regeln über die Konsonantenverdopplung beginnt. Dieselben lauten:

paraṁ [2]) svarâc cânusvârâd vyañjanaṁ vyañjane pare |
dvirûpam ishyate rephât svarapûrvât paraṁ ca tat |
lavâbhyâm uttaraḥ [3]) sparça iti prâptiç [4]) caturvidhaṁ || (Pr. 14, 1.4.2)

---

1) S. Kielhorn a. a. O. 5, 196. 2) MS. *svaraṁ*.
3) MS. *uttama*. 4) MS. *prâptyaç*.

na dvitîyacaturthânâṁ dvitvaṁ tatprâptigocare |
pûrvâgamas tattatpûrvaṁ[1]) vedyaṁ[2]) chakhibhujeshu ca || (Pr. 14, 5—7. 8)
yat kvacit[3]) svarayor madhye dvitvaṁ pûrvâgamo 'pi vâ |
uccâraṇâdinâ spashṭaṁ tad atra na vidhîyate || (fehlt im Pr.)
aghoshâd ûshmaṇaḥ sparçe pare tanmadhya âgamaḥ |
prathamaḥ sparçasasthânas tayor abhinidhânakaḥ || (Pr. 14, 9)
padântasyetarasyâpi prathamasya dvitîyatâ |
shasayoḥ parayoḥ syât tu apadântasya çe pare || (Pr. 14, 12)
na vyañjane 'vasânasthe dvitvaṁ rephavisargayoḥ |
jihvâmûlîyâbhidhe copadhmânîye ca kutracit[4]) || (Pr. 14, 14. 15)
na svare[5]) 'bhinidhânânyaprathame coshmaṇaḥ pare |
na sarûpasavargîyaparo varṇo dvir ucyate || (Pr. 14, 16. 17. 23)
nishedha uttamapare sparçe nâyam[6]) anuttame || (Pr. 14, 24)
anusvârasya na dvitvaṁ sasvare vyañjane pare |
na sparçe lavayor lasya haçor asvarite ca ve[7]) || (die erste Hälfte fehlt im Pr., die zweite Pr. 14, 3. 26)
padântasya nakârasya yavaheshu pareshu na |
dvitvam asti vakâre tu saty ṛkârapare 'sti tat || (die erste Hälfte nach der Tradition Pr. 14, 28, die zweite fehlt im Pr.).

Die Vergleichung zeigt, dass diese Regeln, wie die der Vyâsaçikshâ, nichts weiter sind als eine metrische Fassung der sûtra's mit Hinzufügung von einigem Neuen und mit Übergehung aller nicht angenommenen Lehren. Allein die Abhängigkeit vom Prâtiçâkhya ist hier sowohl im Wortlaut, als auch, worauf es in diesem Falle ankommt, in der Anordnung der Regeln viel grösser als in den betreffenden Abschnitten der Vyâsaçikshâ (239 ff.) oder der von ihr wahrscheinlich abhängigen Sarvasaṁmataçikshâ (1 ff.). Wir sehen, dass die Vâsishṭhaçikshâ sonst überall in dem Kapitel die vom Prâtiçâkhya beobachtete Folge der Regeln gewahrt hat[8]); wir finden daselbst die Regel über die Verdopplung nach *r* an demselben Platze, den wir ihr schon aus innern Gründen zuweisen mussten; sollten wir da nicht annehmen, dass dies ihr ursprünglicher Platz gewesen sei?

---

1) MS. *tataḥpû°*. 2) MS. *veghaṁ* oder *vedhaṁ*.

3) MS. *plutaḥ* verbess. aus *pûtaḥ*; *kvacit* im Kommentar.

4) MS. *°nîya kutaçcit*. 5) MS. *svarâ*. 6) MS. *sparçânâṁ yaṁ*.

7) Nach dem Kommentar wäre vielmehr *haçayoḥ svarite* zu lesen.

8) Die einzige Ausnahme, Regel 14, 3, kann nicht in Betracht kommen. Im Prâtiçâkhya ist sie selbstverständlich von 14, 2 nicht zu trennen. Dass aber ein späterer Bearbeiter sie in der Form eines Verbotes ausdrückte und infolge dessen unter die Ausnahmen setzte, ist so naheliegend, dass sie einen wirklichen Einwand nicht begründen kann.

Aus der Liste der übrigen von Whitney angeführten Regeln sind zwei, 14, 12 und 13, wohl mit Sicherheit zu streichen. Die Vâsishṭhaçikshâ und die Vyâsaçikshâ (252) haben die entsprechende Lehre übereinstimmend am Schlusse der Verdopplungsregeln und vor den Ausnahmen zu denselben; sie wird also auch in dem ursprünglichen Texte diese Stelle gehabt haben und ihre Anführung daselbst ihrer nahen Verwandtschaft mit den Regeln des varṇakrama verdanken.

Ferner betrachte ich in der Partie 1, 21—28 nicht die Regeln 25—27, sondern Regel 23 als am unrichtigen Orte stehnd. Den Beweis dafür liefert Regel 15 der Vyâsaçikshâ:

adantaṁ grahaṇaṁ vâ syât saṁdehe saṁnidhiṁ tv api ||

„ein citiertes Wort soll beliebig auf *a* auslauten; wenn sich ein Zweifel erhebt, citiere man aber auch die Nachbarschaft". Dieser Regel entspricht zunächst sûtra 1, 22, das mit deutlicher anuvṛtti übersetzt werden muss: „ein *a* bildet auch den Namen eines citierten Wortes[1]". Dass diese Regel, weil sie einen viel zu grossen Spielraum hat, falsch ist, lehrt ein Blick in die Regeln des Prâtiçâkhya; die Fälle, in denen ein Wort auf *a* citiert wird, verschwinden gegen die Masse der andersartigen.

Es folgt im Prâtiçâkhya eine Regel (1, 23) über die Bedeutung eines im Lehrbuch gebrauchten Nominativs: „*aṅkâra* soll die Bezeichnung eines Augments oder dessen sein, was Veränderung oder Schwund erleidet". Das kann nur heissen, dass in den Regeln des Prâtiçâkhya ein Terminus im Nominativ steht, wenn das, was er bezeichnet, hinzutreten, ausfallen oder verändert werden soll. Die Erklärungen und die Beispiele des Kommentars bestätigen das. Eng mit dieser verknüpft ist Regel 1, 28, die in analoger Weise lehrt, dass das Produkt einer Veränderung im Akkusativ stehe, und schon Whitney (zu 1, 23) bemerkt, dass der Einschub der Regeln 1, 24—27 ganz unerklärlich sei.

Regel 1, 24 lautet dann: *grahaṇaṁ vâ*. Nach dem Kommentator bedeutet sie, dass bisweilen beliebig einfache Citierung der oben genannten Augmente u. s. w. stattfinde. Diese Erklärung ist schon deshalb misslich, weil sich die vorige Regel nach der Absicht des Verfassers sicher nur auf Termini, die er selbst in den Regeln verwendet, nicht aber auf Citate aus der saṁhitâ beziehen soll und 1, 24 daher keine Beschränkung bringen kann. Als

1) Es wird später gezeigt werden, dass das vorausgehnde sûtra vielleicht interpoliert ist und sûtra 1, 22 ursprünglich *akâro grahaṇasya* lautete.

Beispiel für das Augment wird 16, 29 citiert; aber es sind doch weder *âdiḥ* noch *a-hatiḥ* und die folgenden Worte Augmente. Das Augment ist vielmehr *anusvâra*, das aus 15, 3 zu ergänzen ist und dort, wie vorgeschrieben, im Nominativ steht. Die Worte, in denen dies Augment eintreten soll, werden dann einfach aufgezählt, ein im Prâtiçâkhya ganz gewöhnlicher Gebrauch. Ebenso ist das zweite Beispiel, das der Kommentator für den zu verändernden bringt. Nicht *hanyât* und *upyamânam* sind in Regel 7, 3 die der Veränderung unterliegenden, sondern das *n* in diesen Wörtern, das aus 7, 1 zu ergänzen ist. Die Fassung von 7, 1 aber entspricht durchaus den in 1, 23 und 28 gegebenen Vorschriften. Bei dem Beispiel für den Schwund (5, 15) liegt die Sache zwar insofern etwas anders, als der visarga, der schwinden soll, weder ausdrücklich in der Regel genannt wird noch auch aus dem vorhergehnden zu ergänzen ist. Es ist das ein Mangel, den, wie wir später sehen werden, auch der Çikshâverfasser gefühlt hat[1]). Auf keinen Fall kann aber doch *eshasasyaḥ* als das angesehen werden, für das lopa substituiert werden soll. Überdies ist das Beispiel schon deshalb schlecht, weil *eshaḥ*, *saḥ* und *syaḥ* hier ja auf *aḥ* auslautend citiert sind.

So bieten die Regeln des Prâtiçâkhya in ihrer jetzt vorliegenden Form eine Reihe von Schwierigkeiten: 1, 22 ist zu weit gefasst, 1, 23 von der verwandten 1, 28 getrennt, 1, 24 findet gar keine Anwendung. Das alles ändert sich mit einem Schlage, sobald wir 1, 23 vor 1, 28 setzen und 1, 24 so erklären, wie sie der Çikshâverfasser offenbar aufgefasst hat. Die Regeln lauten dann in ihrer Reihenfolge: 1) *a* dient zur Bezeichnung eines citierten Wortes, 2) oder es tritt einfaches Citieren ein. Die beiden Regeln drücken dann genau denselben Sinn wie die Çikshâregel aus und stimmen mit der Praxis des Lehrbuchs überein. Nun hat auch die folgende Regel 1, 25, die auch in der Çikshâ sich unmittelbar anschliesst, nicht mehr das Aussehen, infolge eines ungehörigen, durch das Wort *grahaṇa* hervorgerufenen Einfalls interpoliert zu sein, wie Whitney bemerkt, sondern steht mit ihrer Vorgängerin in logischem Zusammenhang. Als späterer Einschub ist übrigens keine der besprochenen Regeln zu betrachten. Nachdem die Schwierigkeit der Reihenfolge gelöst ist, spricht nichts mehr dafür; dass die Çikshâ Regel 1, 23 und 28 übergeht, kann nichts beweisen, da

---

1) Der Grundsatz 1, 56, dass Veränderungen und Schwund immer nur einen einzelnen Laut betreffen, reicht nicht aus, da damit noch nicht gesagt ist, dass der die Operation erleidende Laut gerade der letzte ist.

sie den dort vorgeschriebenen Gebrauch nicht kennt, sondern im allgemeinen vollständige Sätze mit einem Verbum bildet.

Wir sehen also, dass in mindestens drei Fällen ursprüngliche Regeln des Prâtiçâkhya an die falsche Stelle geraten sind. Das Auftreten einer Regel in einer ihr fremden Umgebung allein genügt demnach noch nicht, um sie als Interpolation zu kennzeichnen, und wir müssen uns nach weiteren Kriterien der Unursprünglichkeit umsehen.

Whitney hat auf drei Kategorien von Regeln aufmerksam gemacht, die mehr oder minder dem Verdachte der Unechtheit unterliegen. In die erste Kategorie gehören solche Regeln, in denen von der angenommenen Lehre des Prâtiçâkhya abweichende Ansichten von Autoritäten angegeben werden. Whitney ist der Meinung, dass sie wenigstens zum Teil später in das Prâtiçâkhya eingefügt wurden, als dieses aufgehört hatte, der bloss praktische Führer für eine einzige Schule zu sein und dank seiner eingehnden Gründlichkeit mehr den Charakter eines phonetischen Lehrbuchs des schwarzen Yajurveda angenommen hatte und auch in andern Schulen gebraucht wurde als in derjenigen, für die es ursprünglich bestimmt war. So annehmbar diese Vermutung erscheint, so ist sie doch im einzelnen schwer nachzuweisen. Von hierhergehörigen Regeln scheint mir nur 16, 24 deutlich den Stempel der Unechtheit zu tragen. Auch die Çikshâ bringt kein Licht in die Sache. Sie hat keine einzige der Angaben über den Begründer einer Lehre oder eine abweichende Meinung und den Verfechter derselben, die im Prâtiçâkhya so häufig sind, aufgenommen; es wäre aber sicher falsch, daraus zu schliessen, dass alles das erst nach ihrer Zeit in das Prâtiçâkhya eingedrungen sei. Der Çikshâverfasser hatte bei der Abfassung seines Werkes eben nur den einen Zweck im Auge, den Gebrauch bei der Recitation, wie er sich in seiner Schule ausgebildet hatte, zu fixieren; den Urheber einer Lehre oder die in andern Schulen geltende Praxis anzuführen, hatte daher für ihn kein Interesse. Andererseits lässt sich aber auch nicht erweisen, dass der Çikshâ jene sûtra's schon vorlagen. Zwar hat sie in einer Reihe von Fällen eine vom Prâtiçâkhyaverfasser nicht gebilligte Regel aufgenommen, weil sie selbst die dort gelehrte Ansicht vertritt; eine wörtliche Übereinstimmung, die hier allein beweisen könnte, lässt sich indessen nirgends konstatieren.

Deutlicher kennzeichnet sich die zweite Gruppe als spätere Zusätze. Zweifellos mit Recht betrachtet Whitney die metrisch abgefassten Regeln 17, 8; 22, 14, 15; 23, 2. 14. 15. 20 und 24, 5. 6 als unecht: they are proved such by their character not less than by their form; and several of them are found in other parts of the Prâtiçâkhya literature. In die Vyâsaçikshâ selbst sind diese Regeln nicht aufgenommen. Auch dem Inhalte nach kehren hier nur 22, 14 und 15 wieder (in 351), doch ist hierauf kein Gewicht zu legen, da eben der Inhalt nicht derartig ist, dass er nicht ohne weiteres in der Çikshâ weggelassen sein könnte.

Eine dieser Regeln hebt sich übrigens als ausdrückliches Citat von der Zahl der andern ab. Es ist dies die erste, 17, 8, ein çloka mit dem Vermerk: *ity Âtreyaḥ*. Es ist möglich, dass der Vers geradezu der im Vedataijasa, wenigstens in einem Teile der Handschriften unter diesem Namen citierten Âtreyaçikshâ entnommen ist[1]). Der Inhalt ist jedenfalls echt çikshâartig; man vergleiche Pâṇinîyaçikshâ Y. 20. 21 und zu dem vorkommenden Vergleiche speciell Mâṇḍûkîçikshâ 4, 15:

tailadhâreva vâ vaktraṁ tadvad varṇân prayojayet.

Es ist nun gewiss kein Zufall, dass alle übrigen als Regeln des Werkes selbst auftretenden Verse[2]) sich in den Kapiteln 22—24 vorfinden, d. h. in einem Abschnitte, den Whitney ebenfalls als unecht ansieht, da er zum Teil Wiederholungen schon vorher gegebener Regeln enthält, zum Teil im Stoff wie im Stil nicht zum Prâtiçâkhya passt[3]). Der ganze Abschnitt macht durchaus den Eindruck eines späteren Nachtrags und es mag daran erinnert werden, dass wir das Gleiche im Vâjasaneyi-Prâtiçâkhya konstatieren können. Weber hat die beiden letzten adhyâya desselben fast aus denselben Gründen, wie sie in unserm Falle vorliegen, für einen nicht vom Verfasser herrührenden Zusatz erklärt[4]). Die Çikshâ hat aus den Kapiteln 22—24 eine ziemliche Zahl von Regeln, teilweise in derselben Form (22, 4—8 = Ç. 16—18. 22, 13 über den ṛg- und padavirâma = Ç. 338. 327. 23, 10 = Ç. 278. 24, 1—4 = Ç. 25).

Whitney will auch die Kapitel 17 und 18 auf die gleiche Stufe wie den Schluss des Werkes stellen. Ich kann ihm hierin nicht folgen, da ich die oben genannten Kriterien der Unechtheit in ihnen nicht entdecken kann. Gegen den Stil lässt sich nichts

---

1) Näheres s. unten.

2) Das einfache am Schlusse von 23, 2. 20 und 24, 6 stehnde *iti* ist natürlich ganz unerheblich.

3) Vgl. im einzelnen Whitney's Bemerkungen zu den betreffenden Regeln.

4) S. die Bemerkungen zu 7, 1 und 8, 1.

einwenden. Regeln über die Aussprache der heiligen Silbe *om* sind durchaus einem Prâtiçâkhya angemessen, da gerade dieser Silbe, wie überall in der Literatur hervortritt, die grösste Bedeutung beigemessen[1]) und sie wie jedes andere dem Texte angehörige Wort betrachtet wird. Auch das Vâjasaneyi-Prâtiçâkhya (2, 51) und das Ṛk-Prâtiçâkhya (15, 3) beschäftigen sich mit der Quantität und dem Accente derselben. Ebensowenig wage ich die Untersuchungen, die das siebzehnte Kapitel füllen, als unpassend für das Prâtiçâkhya zu bezeichnen. So unfruchtbar sie uns erscheinen mögen, so wichtig werden sie dem indischen Phonetiker gewesen sein. In der Çikshâ finden wir nur den Inhalt zweier Regeln aus diesen Kapiteln (18, 1. 6) in 335 und 336 wieder, was aber bei der Natur jener Regeln — sie geben ja grösstenteils die verschiedenen Ansichten von Autoritäten an — kein Wunder nehmen kann.

Mit Recht kann man aber meiner Ansicht nach eine andere Stelle als späten Einschub bezeichnen, nämlich 20, 1—8, wo die Termini für die verschiedenen svaritaarten gelehrt werden. Die breite Ausdrucksweise, die in 20, 2 und 3 herrscht, ist so wenig sûtragemäss wie nur möglich und widerspricht durchaus dem sonstigen Gebrauche des Werkes; besonders auffallend ist das *ity eva jânîyât* in 20, 2 und das *api* in 20, 3. Ganz ungehörig ist ferner 20, 8: *iti svâranâmadheyâni*. Der sûtrastil kennt nur adhikâra's, nicht aber derartige Zusammenfassungen am Schlusse eines Abschnittes. Die Çikshâ lehrt die gleichen Termini in 206 ff., jedoch ohne wörtliche Anklänge an den Text der sûtra's.

Auf den ersten Blick weniger deutlich, aber darum, glaube ich, nicht minder sicher ist die Unursprünglichkeit einer andern Kategorie von Regeln, nämlich derer, die sich mit der Konstruktion der sekundären Textarten des j a ṭ â- u n d k r a m a p â ṭ h a beschäftigen. Schon Whitney hat S. 429 ff. und gelegentlich in den Noten Zweifel an ihrer Echtheit geäussert, ohne indessen zu einem bestimmten Resultate zu kommen[2]). Prüfen wir nun einmal die

---

1) Vgl. z. B. Vyâsaçikshâ 363 ff.:

adhyâyasya mukhe cânte bhûtvâ vidvân atandritaḥ |
saṁrakshaṇâya vedânâm oṁkâraṁ tûccaret tadâ || 363 ||
sravaty âdâv anukte ca tasyânte tu viçîryate || 364 ||
âdyantapraṇavau tasya syâtâm añgâni vai tataḥ || 365 ||

2) S. 429 wird sogar bis zu einem gewissen Grade das Gegenteil ausgesprochen: The weight of evidence, upon the whole, is decidedly in favor of the assumption that the peculiar jaṭâ combinations were had in view by those who constructed the Prâtiçâkhya — or, at least, by those who brought it into its present form.

sûtra's im Zusammenhange und beginnen wir mit denen des jaṭâpâṭha.

Die Zahl der Regeln, die sich einzig und allein auf ihn beziehen, ist nicht sehr gross; es sind zumeist nur vereinzelte Bestimmungen. In 1, 15 wird für eine Auswahl von Präpositionen der Terminus upasarga gelehrt, wie es scheint, in einer bestimmten Absicht. Es sind das nämlich nur solche Wörter, die in späteren Regeln in Betracht kommen, so dass dort anstatt einer Aufzählung der einzelnen Fälle einfach der Terminus gebraucht werden kann, ohne dass der Ausdruck zu Fehlern führen könnte. Unter diesen upasarga wird nun auch *adhi* genannt, das nur wegen der jaṭâ von *sîdann adhi*[1]) citiert sein kann, in der Regel 6, 4 eintreten soll. In 5, 33 wird der Einschub eines *t* zwischen ein *ṭ* oder *n* und ein *s* oder *sh* vorgeschrieben. Da die saṁhitâ keinen Fall des Zusammenstosses von *ṭ* mit *sh* zeigt, so citiert der Kommentator eine Stelle aus dem jaṭâpâṭha als Beispiel. Das Zusammentreffen von *n* und *sh* illustriert er nicht, allein nur aus dem Grunde, weil ihm kein Beispiel gegenwärtig ist; das Vedataijasa bringt unter der genau entsprechenden Regel 108 der Çikshâ auch hierfür eine jaṭâ: *shashṭhe 'hann ahant shashṭhe shashṭhe 'han.* 8, 8 führt die grosse Masse derjenigen auf *aḥ* auslautenden Wörter auf, deren visarga vor Vokalen und tönenden Konsonanten in *r* übergeht. Unter diesen Wörtern sind vier, *abibhaḥ*, *pitaḥ*, *eshṭaḥ* und *neshṭaḥ*, bei denen der genannte sandhi nur im jaṭâpâṭha zu Tage tritt. Ausserdem wird daselbst *akaḥ* genannt, das sich nur auf die jaṭâ der Stelle *arrâkaḥ* (4, 1, 2[4]) beziehen kann, in der *akaḥ* den udâtta trägt; für das oft vorkommende unbetonte *akaḥ* würde Regel 8, 9 genügt haben. Das sûtra 8, 12 betrifft nur die jaṭâ der Stelle: *iti çrutaḥ* (2, 4, 7[2]). 8, 16 lehrt den Abfall eines visarga vor *r*, ausgenommen in dem Falle, dass ihm ein *a*-Vokal vorausgeht. Nach dem Kommentar schreibt das sûtra aber auch den Abfall des visarga in der jaṭâ von *rukmo antaḥ* (4, 1, 10[4-5]: *rukmo antar antâ rukmo rukmo antaḥ*) vor, der sonst nicht gerechtfertigt sein würde. Nach 8, 35 muss der Auslaut von *niḥ* vor folgendem *pra* in *sh* verwandelt werden. Die Regel bezieht sich nach dem Kommentar auf die anuvâka-Unterschrift: *âtmanâ parâ nish pra çukraçocishâ* (6, 4, 10) und jaṭâstellen wie *prâñcau nir ṇish prâñcau prâñcau niḥ* (6, 4, 10[2]).

1) *vayo na sîdann adhi barhishi* citiert das Vedataijasa unter 125. Ich habe die Stelle bisher nicht gefunden. Auch die im folgenden angeführten jaṭâ's, bei denen ein Verweis auf die saṁhitâ fehlt, stammen aus dem Vedataijasa, haben aber zur Zeit von mir noch nicht nachgewiesen werden können.

Da wir später sehen werden, dass das Prâtiçâkhya die Unterschriften der anuvâka's in seinen Regeln nicht berücksichtigt, so ist auch dieses sûtra als allein auf den jaṭâpâṭha gehend zu betrachten. Sûtra 10, 13 verbietet die Verschmelzung des auslautenden Vokals von *dhâ*, *mâ*, *pâ*, wenn ihnen *asi* folgt, sowie von *budhniyâ*, *jyâ*, *â pûshâ* und *aminanta* mit einem folgenden Vokal, bei allen unter der Bedingung, dass sie „im ṛshitexte" [1]), d. h. in der padasaṁhitâ stehn. Die Einschränkung kann nur auf die jaṭâ's der Stellen *asi svadhâ* (1, 1, 9[3]), *iva prapâ* (2, 5, 12[4]), *â pûshâ* (2, 4, 5[1]), *suparṇâ aminanta* und *aminanta evaiḥ* (3, 1, 11[5]) Bezug haben, in deren vilomagliedern der gewöhnliche sandhi herrschen soll. 11, 9 lehrt die Beibehaltung des Anlauts von *asmân*, dem ein *a* folgt, unter anderm auch nach dem Worte *râye*. Die saṁhitâ enthält aber keine derartige Stelle und der Kommentar stellt uns daher die Alternative, die Regel entweder auf die jaṭâ der Stelle *râye asmân* (1, 1, 14[3]; 4, 43[1]) oder auf eine andere Textrecension zu beziehen. Das letztere ist unmöglich, da sich das Prâtiçâkhya in Wahrheit, wie wir später sehen werden, mit den Texten andrer Schulen gar nicht befasst. 11, 15 fordert die Beibehaltung eines *a*, dem *âvinnaḥ* oder *somaḥ* vorausgehn und *gni* folgt[2]). Da die saṁhitâ nur Beispiele für das Vorkommen von *agniḥ* nach *âvinnaḥ* und *somaḥ* zeigt, so verweist der Kommentar, um die Anführung des Wortteils *gni* zu rechtfertigen, auf Stellen in einer anderen Textrecension. Das ist aber nur eine Ausflucht, um sein Nichtwissen zu verbergen. Der Verfasser des Vedataijasa (zu Ç. 185) ist glücklicher; er bringt eine Stelle bei, deren jaṭâlesung unter die Regel fällt: *yad agnishṭomaḥ somaḥ*. Das sûtra muss also um dieser jaṭâ willen in der uns vorliegenden Form gegeben sein. In 11, 16 wird die Beibehaltung eines *a* nach *pṛthivî yajñe* gelehrt. Der Kommentator begründet die Anführung von *pṛthivî* mit der jaṭâ von *te mâsmin yajñe* (3, 2, 4[1]). Desgleichen wird in 11, 17 das Schwinden des *a* nach einem *e* oder

---

1) So muss *ârshe* genau übersetzt werden, nicht wie bei Whitney: before a vowel belonging to the text. Die Çikshâ liest in der entsprechenden Regel 176 *svapâṭhe*. Vgl. auch die Umschreibung des Tribhâshyaratna und die Definition der Çikshâ (23):

vedabhâgaḥ krameṇaiva sa cârshaḥ kathyate budhaiḥ.

2) Es muss *gniparaḥ*, nicht, wie in Whitney's Ausgabe, *'gniparaḥ* gelesen werden. Das erfordert einerseits der Sinn und wird andererseits durch die unzweideutige Fassung der Çikshâ (185): *gnyûrdhva âvinnaḥsomôdhaḥ* bewiesen. So hat auch die Konstruktion nichts Eigentümliches mehr.

o für *asthabhiḥ* verboten, wobei das *bhiḥ* angeblich um der jaṭâ von *çam asthabhyo majjabhyaḥ* (5, 2, 12²) willen citiert ist[1]).

Diese neunzehn Punkte würden nun allerdings die Berücksichtigung des jaṭâpâṭha seitens des Prâtiçâkhya beweisen, wenn sie nicht zum grössten Teile eine andere Erklärung zuliessen, in einigen Fällen diese sogar notwendig erforderten. Das letztere betrifft besonders das sûtra 8, 16, bei dem die Beziehung auf den jaṭâpâṭha nur den Interpretationskunststücken des Autors des Tribhâshyaratna gelungen ist, der es fertig bringt, aus einer Regel, die den Abfall eines visarga hinter *a* vor folgendem *r* ausdrücklich verbietet, gerade das Gegenteil herauszulesen, nur um ihren Verfasser von dem Vorwurf der Ungenauigkeit zu befreien; irgend welche Verbindlichkeit besitzt natürlich eine solche Erklärung nicht. Aus demselben Grunde, um nämlich das Prâtiçâkhya zu rechtfertigen, ist auch bei 11, 9 der Hinweis auf den jaṭâtext gemacht. In diesem Falle ist allerdings die Rettung ziemlich ungeschickt: der eine Fehler wird nur durch die Annahme eines andern aus der Welt geschafft. Denn abgesehen davon, dass die Stelle *râye asmân* gar nicht den im sûtra gestellten Anforderungen genügt[2]), wird sie als einem yâjyâ-abschnitte angehörig schon durch 11, 3 betroffen. *râye* ist also auf jeden Fall überflüssig und sicherlich nur durch ein Versehen, sei es des Verfassers selbst, sei es eines Späteren, in die Regel geraten, wie es denn auch die Çikshâ in der entsprechenden Regel 184 fortgelassen hat. Ebensowenig beweisen 11, 16 und 17. Wir werden später sehen, dass der Verfasser sehr häufig ein Wort zu viel citiert hat, ohne damit etwas Besonderes andeuten zu wollen. Auf die Anführung von *adhi* in 1, 15 ist meiner Ansicht nach gar kein Gewicht zu legen, da der Zweck der Beschränkung der upasarga nicht sicher ist[3]), und auch wenn die oben gegebene Erklärung richtig ist, ein einfaches, noch dazu sehr leichtes Versehen vorliegen kann, wie wir auch sonst dergleichen finden. Auch 5, 33 ist nicht zwingend. Zweifellos würde die Sache nur dann sein,

---

1) Whitney vermutet (S. 430), dass der jaṭâpâṭha in 23, 20 und 24, 5 direkt mit dem dort vorkommenden vikrama bezeichnet sei. Ich kann ihm darin nicht beistimmen, da mir der Ausdruck bisher als Synonym von jaṭâpâṭha nicht begegnet ist. Übrigens ist die Frage hier gleichgültig, da jene beiden Regeln, wie S. 22 bemerkt ist, unursprünglich sind.

2) Es folgt kein *a* in der saṁhitâ, sondern *viçvâni*.

3) Man sieht nicht ein, warum nicht auch *niḥ* und *ati* in die Reihe aufgenommen sind. Näheres weiter unten.

wenn der Einschub des *t* nach *ṭ* oder *n* ausdrücklich vor *sh* gelehrt würde. Nun wird aber das *sh* nur durch anuvṛtti aus der vorhergehenden Regel in Verbindung mit dem *s* herbeigezogen und man kann sich daher mit der Erklärung beruhigen, dass der Verfasser der Kürze wegen es vorzog, hier etwas fortgelten zu lassen, was doch nie zur Anwendung kommen und daher zu keinem Fehler führen konnte, als ein abermaliges *saparaḥ* zu gebrauchen[1]). Dazu kommt, dass die ganze Lehre überhaupt anstössig ist. So begreiflich auch vom physiologischen Standpunkte aus der Einschub eines *t* nach *ṭ* oder *n* vor *s* ist[2]), so unverständlich ist er vor einem *sh*; besonders die Verbindung *ṭsh*, im Grunde leicht und natürlich, wird dadurch, wie Whitney bemerkt (S. 153), äusserst hart und schwierig. Auch die übrigen Prâtiçâkhya's wissen nichts davon. Dass die Çikshâ die Einschiebung lehren will, kann nicht wohl bezweifelt werden[3]). Allein es scheint mir nicht unmöglich, dass das Misverstehn der Prâtiçâkhyaregel überhaupt erst die Lehre veranlasst habe. Tritt es doch auch sonst zuweilen hervor, dass der jaṭâpâṭha nach den Regeln des Prâtiçâkhya gebildet wird, nicht das Prâtiçâkhya die Erscheinungen des jaṭâpâṭha fixiert[4]).

Mehr ins Gewicht zu fallen scheinen ja allerdings die in 8, 8 aufgeführten Wörter. Ich möchte dabei aber doch auf eins aufmerksam machen. Soweit ich sehe, ist das Verzeichnis der auf den sogenannten riphita auslautenden Wörter im Prâtiçâkhya vollständig; es wäre daher ganz gut denkbar, dass der Verfasser eine Zusammenstellung aller Fälle beabsichtigt hätte, ohne darauf Rücksicht zu nehmen, ob sich das *r* bei der Herstellung der saṁhitâ wirk-

---

1) In der Grammatik ist dieses Verfahren erlaubt; s. Nâgojîbhaṭṭa, Paribhâshenduçekhara paribh. 18: Kvacid ekadeço 'py anuvartate.

2) Whitney's Bedenken gegen den Einschub zwischen *ṭ* und *s* verstehe ich nicht. Die Beobachtung zeigt vielmehr, dass sich bei ungezwungenem Sprechen der dentale Verschlusslaut ganz von selbst einstellt.

3) Die Regel (108) lautet:

saparvaḥ kaḥ sashordhvaç ceṭ ṭanapûrvaç ca to bhavet.

4) In Pr. 6, 4 wird z. B. gelehrt, dass nach Präpositionen und *niḥ* ein *s* zu *sh* wird, wenn es in einem mit anudâtta versehenen Worte steht. Natürlich soll sich die Regel, wie auch Whitney bemerkt, nur auf Verbalformen beziehen. Nach den Beispielen des Vedataijasa zu der entsprechenden Çikshâregel 125 wird sie aber im jaṭâpâṭha ganz mechanisch auch auf solche Fälle angewandt, wo das *s* im Anlaut eines Vokativs steht. Ebenso bezieht sich nach dem Vedataijasa der in Pr. 12, 2 (Ç. 190) vorgeschriebene Schwund des *a* von *asi* nach *e* und *o* auch auf die jaṭâ der Stelle *asitavarṇâ harayaḥ* (3, 1, 11[4]).

lich einstellt oder nicht. Ähnliche Verzeichnisse finden sich ja auch sonst: im dreizehnten Kapitel die Wörter mit inlautendem *ṇ*, im sechzehnten die mit inlautendem anusvâra. Die Anführung von *akaḥ* neben *kaḥ* aber wäre, wenn wir vom jaṭâpâṭha absehen müssten, ein leichtes Versehen, wie wir es noch oft genug finden. Welcher Wert gerade auf die Kenntnis der Riphitawörter gelegt wurde, geht z. B. daraus hervor, dass im padapâṭha der Ṛk- und der Vâjasaneyisaṁhitâ jedes derartige Wort, dessen Auslaut in der saṁhitâ nicht als *r* erscheint, als parigṛhya behandelt wird.

Mit Bestimmtheit verneinen lässt sich endlich die Beziehung auf den jaṭâpâṭha bei einem Teile der Regel 10, 13. Die Form des sûtra zeigt deutlich, dass es aus zweien zusammengeschweisst ist. Es ist zu zerlegen in *na dhâmâpâsiparaḥ* und *budhniyâjyâpûshâmi-nantârshe*[1]). Dann hat aber die erste Regel mit der jaṭâlesung nichts mehr zu tun.

Keinen Anlass zu einem Einwand geben nur die Regeln 8, 12; 8, 35; 11, 15 und der zweite Teil von Regel 10, 13.

Nun ist allerdings mit den bisher genannten die Zahl der auf den jaṭâtext gehnden Regeln nicht erschöpft. Es giebt noch eine ganze Reihe, für die sich aber neben dem jaṭâpâṭha auch noch der kramapâṭha oder dieser zusammen mit dem padapâṭha geltend machen lassen.

Beziehungen auf jaṭâ- und kramapâṭha sollen die Regeln 7, 2; 8, 8. 9 und 9, 17 enthalten. 7, 2 lehrt die Verwandlung eines *n* in *ṇ* nach *shu* und *shû*. Der Kommentator motiviert die Anführung dieser Wörter in der Saṁhitâform damit, dass die Verwandlung nur dann eintreten solle, wenn in den Wörtern selbst *s* in *sh* übergegangen sei. Als Gegenbeispiel wird, wenigstens in einem Teile der Handschriften, die kramalesung der hergehörigen Stellen gegeben: *su naḥ* | *na ûtaye* (4, 1, 4²) und *sû naḥ* | *na indra* (1, 8, 3). Ebensogut hätten natürlich die jaṭâ's: *su no naḥ su su naḥ* und *sû no naḥ su sû naḥ* angeführt sein können. Nach 8, 8 und 9 geht der visarga von *ajîgaḥ*, *vivaḥ* und eines mit dem anudâtta versehenen *âvaḥ* vor Vokalen und tönenden Konsonanten in *r* über. Die Wörter kommen alle nur am Ende eines Verses oder Halbverses vor. Die Regel kann daher nur in den jaṭâlesungen und dann eintreten, wenn die Wörter als parigṛhya wiederholt werden, wie dies ja bekanntlich im krama- und jaṭâpâṭha mit den letzten

1) Auch in 13, 15 sind, wie Whitney gezeigt hat, fünf einzelne sûtra's vereinigt. Ein Grund für die Zusammenfassung lässt sich hier allerdings nicht erkennen.

Worten eines Satzes geschicht[1]). 9, 17 besagt, dass *u* nach *tat* und *tasmât* in der saṁhitâ nicht der vorausgehnden Regel, die die Verwandlung in *uv* vor folgendem Vokal lehrt, sondern dem allgemeinen sandhigesetze unterliegt. Um die Notwendigkeit des Zusatzes „in der saṁhitâ" zu erhärten, führt der Kommentar die beiden in Betracht kommenden Stellen im pada- und kramapâṭha auf. Die Heranziehung des padapâṭha ist völlig überflüssig, da *u* dort ja gar nicht vor Vokal steht; was für den kramapâṭha gilt, gilt aber naturgemäss auch für den jaṭâpâṭha. In den krama's *uv âhuḥ* (7, 5, 7[1]) und *uv âçyam* (6, 1, 11[6]) und den daraus gebildeten jaṭâ's soll also unser sûtra keine Gültigkeit haben.

Es fragt sich, ob diese Regeln zur Anerkennung des jaṭâpâṭha für das Prâtiçâkhya verpflichten. Für die Citate aus 8, 8 und 9 gilt das oben von den aus 8, 8 herangezogenen Wörtern gesagte. Für 7, 2 beweist schon das Gegenbeispiel, das sich in dem andern Teile der Handschriften findet: *su na ûtaye* und *sû na indra*, dass eine Beziehung auf den krama oder die jaṭâ in der Regel nicht angenommen zu werden braucht. Der Verfasser hat die Formen *shu* und *shû* sicherlich nur deshalb gewählt, um das Element (*sh*), das die Lingualisation hervorruft, deutlich hervortreten zu lassen. Die dritte Regel endlich, 9, 17, sehe ich als interpoliert an. Dass ihr Sinn der oben angegebene ist, kann keinem Zweifel unterliegen; desto grösser sind die Bedenken, die die Form hervorruft. Woher soll man denn entnehmen, dass *u* dem *tat* und *tasmât* folgt? Es ist dem Stile des Werkes nach geradezu unmöglich, dass die einfache Citierung eines saṁhitâwortes soviel bedeuten sollte wie „nach diesem Worte". Ausserdem, was heisst „in der saṁhitâ"? In der saṁhitâ steht *u* auch in den oben genannten krama's und jaṭâ's, da nach indischer Auffassung jede Verbindung von zwei Worten als saṁhitâ gilt[2]). Nur wenn man sâṁhitaḥ als „verbunden mit" nehmen dürfte, würde die Fassung der Regel erträglich sein[3]). Die Annahme dieser Bedeutung erscheint mir aber unmöglich[4]). Ich halte es

---

1) Unter 8, 9 bringt der Kommentar das Beispiel aus dem kramapâṭha: *vena âvaḥ* | *âvar ity âvaḥ*. Das vorausgehende *suruco*, das W. und B. bieten, ist also zu streichen.

2) Vgl. Vyâsaçikshâ 25:

padasvaravarṇâṅgânâṁ dvidviyukte tu saṁhitâ.

3) So drückt sich die Çikshâ aus. Die 9, 16 und 17 entsprechende Regel (165) lautet hier:

tattasmâdayutâd utvât svakâlâd vaḥ padât param.

4) Das Wort kommt nur noch einmal in der oben als unecht bezeichneten

daher für wahrscheinlich, dass ein späterer Bearbeiter einen ursprünglich dastehnden Begriff der Folge in ungeschickter Weise durch sâṁhitaḥ ersetzt habe, um die Gültigkeit der Regel für den krama- und jaṭâpâṭha auszuschliessen.

Auch in diesen Fällen lässt sich also nicht die Berücksichtigung des jaṭâpâṭha und, was wir schon vorweg nehmen können, des kramapâṭha erweisen.

Betrachten wir jetzt die Regeln, die in allen drei sekundären Texten Anwendung finden.

1, 60 stellt als Grundsatz auf, dass ein einem andern Worte angehöriges nimitta für ein pragrahawort und ein Wort mit inlautendem anusvâra beständige Gültigkeit haben solle. Die Regel kann sich nur auf pada-, krama- oder jaṭâlesungen beziehen, in denen die genannten Wörter von ihren nimitta's getrennt sind. In 8, 13 handelt es sich um drei Wörter, deren auslautender visarga zu *r* werden soll, wofern er nicht am Ende eines trennbaren Wortes steht. Unter diesen Wörtern befindet sich *suvaḥ*, das als zweiter Teil eines Kompositums nur in der Stelle *devasuva stha te* (1, 8, 10²) erscheint. Da die Regel hier natürlich niemals würde eintreten können, so muss die genannte Beschränkung um der jaṭâ und der parigrahawiederholungen willen gemacht sein. 9, 20 lehrt unter gewissen Bedingungen die Verwandlung eines auslautenden, vor Vokal stehnden *n* in *r* oder *y*, ausser wenn *iti* folgt. Diese Ausnahmebestimmung soll den Übergang in *r* oder *y* verhindern, wenn eins der unter die Regel fallenden Wörter in einem der drei pâṭha als parigṛhya wiederholt wird. Die Ausnahme gilt auch im folgenden sûtra noch fort, das unter andern der Verwandlung in *r* oder *y* unterliegenden Wörtern *hûtamân* aufzählt. Da dieses aber in der saṁhitâ vor einem *iti* steht (*devahûtamẫ ity ukhâyâm* 5, 5, 3¹), so ist die Ausnahme durch den Zusatz „im ṛshitexte", d. h. in der padasaṁhitâ, eingeschränkt, indem sie so nur für das *iti* der parigrahawiederholung Kraft hat[1]).

Ausser diesen einzelnen Regeln kommen hier noch mehr oder weniger zwei ganze Kapitel in Betracht, das dritte und das vierte.

Regel 20, 3 und ausserdem in asâṁhita in 4, 6 vor; es bedeutet dort, wie gewöhnlich, „auf die saṁhitâ bezüglich, in der saṁhitâ erscheinend".

1) Nach den Beispielen des Tribhâshyaratna würde auch das *asiparaḥ* in dem oben besprochenen sûtra 10, 13 hierher gehören. Der Zusatz bezieht sich aber nicht nur auf die Parigrahawiederholungen wie *svadheti svadhâ* u. s. w., sondern, wie die Beispiele des Vedataijasa zeigen, auch auf Fälle wie *saptadhâgneh*, *mâpagâta* (noch nicht identificiert).

Das dritte Kapitel lehrt die Verkürzung auslautender und anlautender Vokale bei der Unterbrechung des Zusammenhanges (vibhâge 3, 1). Die Regeln gehn ja zunächst auf den padapâṭha, aber auch der krama- und jaṭâpâṭha werden betroffen. Denn in den Fällen, in denen der lange Vokal am Ende eines ersten oder am Anfang eines zweiten Kompositionsgliedes steht, zeigt sich die Verkürzung natürlich auch im krama- und jaṭâpâṭha bei der Wiederholung der Komposita als parigṛhya. Wo aber die Länge im Auslaut eines einfachen Wortes steht, wird sie der Regel zufolge auch verkürzt, wenn das Wort am Ende eines krama oder einer jaṭâ steht. Bei der jaṭâ tritt aber noch ein weiterer Fall ein: wenn z. B. in der jaṭâ der Stelle *sthâ mayobhuvaḥ* (4, 1, 5[1] u. ö.) *sthâ* vor *sthâ* zu stehn kommt, so soll ebenfalls Verkürzung stattfinden. Auch diese Vorschrift ist nach dem Kommentar in dem adhikâra 3, 1 ausgedrückt. Er erklärt nämlich, dass vibhâga soviel bedeute wie Trennung von dem folgenden bezugsw. vorausgehnden Worte, mit dem es in der padasaṁhitâ ursprünglich verbunden ist. Das vierte Kapitel enthält eine vollständige Aufzählung der pragraha. Unter diesen befindet sich nun eine sehr grosse Anzahl von Wörtern, denen in der saṁhitâ ein Konsonant folgt. Die pragraha - Eigenschaft dieser Wörter tritt daher nur in den sekundären Texten zu Tage, im padapâṭha, wo die pragraha bekanntlich durch *iti* hervorgehoben werden, im krama- und jaṭâpâṭha, wo sie als parigṛhya behandelt werden, und ausserdem im jaṭâpâṭha, soweit sie in einer jaṭâ vor ein vokalisch anlautendes Wort treten. Auf die Stellung vor *iti* wird in sûtra 4 ausdrücklich Bezug genommen.

In keinem einzigen der letztgenannten Fälle ist deutlich auf den jaṭâpâṭha hingewiesen. Die Erklärung, die der Kommentator von vibhâge in 3, 1 giebt, halte ich für viel zu künstlich. vibhâge kann nur heissen „bei Unterbrechung des Zusammenhangs“, in der jaṭâ besteht aber auch in den vilomagliedern saṁhitâ; die Bestimmung reicht also für den jaṭâpâṭha nicht aus. Völlig belanglos, auch für den pada- und kramatext, ist die Aufzählung der pragraha. Das Prâtiçâkhya musste schon deshalb eine vollständige Liste dieser Wörter geben, weil es an der Stelle nur eine Erklärung des Terminus pragraha liefern will. Die damit verbundenen grammatischen Funktionen werden erst in 10, 24 gelehrt. Ganz zu streichen ist das *suvaḥ* in 8, 13, das zweifellos nur auf einer Interpolation beruht. Die Verwandlung seines visarga in *r* wird nämlich im Prâtiçâkhya schon an einer früheren Stelle, in 8, 8, gelehrt, dort aber ohne jene Einschränkung, dass es nicht am Ende eines trennbaren

Wortes stehn dürfe. Schon Whitney hat in der Note zu 8, 13 auf diese seltsame Behandlungsweise des Wortes aufmerksam gemacht, ohne eine Erklärung zu finden. Es ist von vornherein klar, dass das Wort ursprünglich nur in einer der beiden Regeln gestanden haben kann; wir müssten andernfalls hier dem Prâtiçâkhyaverfasser einen Mangel an Genauigkeit vorwerfen, wie wir ihn sonst nirgends wieder antreffen. Dass nun *suvaḥ* ursprünglich nur in der ersten Regel aufgeführt gewesen sein kann, ergiebt sich deutlich aus einer Prüfung der der zweiten Regel folgenden Regel (8, 14). Sie lautet: *na bhirbhyâṁparaḥ*, und kann sich, wie aus dem Umstand hervorgeht, dass nur *ahaḥ* vor den genannten Kasusendungen vorkommt, nur auf dieses Wort beziehen. Eine solche Beziehung ist aber, wie auch Whitney bemerkt, eine gröbliche Verletzung des in 1, 58 gelehrten und tatsächlich in dem ganzen Werke befolgten Princips[1]), dass immer das Letztgenannte fortgelten soll. Nach diesem Grundsatze dürfte Regel 8, 14 nicht auf *ahaḥ*, sondern nur auf *suvaḥ* bezogen werden, was unrichtig sein würde. Ich ziehe daraus den Schluss, das *suvaḥ* von einem Späteren mit Rücksichtnahme auf die Stellung von *devasuvaḥ* vor *iti* und in der jaṭâ, d. h. allgemein auf die sekundären Texte in die Regel eingefügt ist.

Wir haben demnach an Regeln für den jaṭâpâṭha im Prâtiçâkhya nur vier, die klar als solche gekennzeichnet sind und aus keinem inneren Grunde dem Verdachte der Unechtheit unterliegen: die oben genannten sûtra's 8, 12; 8, 35; 11, 15 und der zweite Teil von sûtra 10, 13. Ich stehe trotzdem nicht an, sie als interpoliert zu betrachten und halte das für um so unbedenklicher, als wir in *suvaḥ* in 8, 13 sicher einen spätern Einschub erkannt haben[2]). Ist es doch auch kaum möglich, dass sich jede Interpolation hier selbst als solche dokumentiert, besonders wenn es sich wie bei 8, 12 und 8, 35 um ganze Regeln handelt. Hier ist höchstens die Forderung zu stellen, dass die betreffende Regel nicht durch anuvṛtti mit dem folgenden Texte verbunden sei, und dieser Bedingung genügen sämtliche Fälle.

Dass das Prâtiçâkhya den jaṭâpâṭha ursprünglich nicht berücksichtigte, beweist aber noch ein zweiter Umstand, die Unvollstän-

---

1) S. z. B. 11, 6. 7. 11.

2) Natürlich können auch an andern Stellen, wie in 8, 8, Interpolationen vorliegen.

digkeit seiner Regeln. Die Çikshâ ist genötigt, lediglich um des jaṭâpâṭha willen eine ganze Reihe von Verbesserungen und Zusätzen zu machen. So wird die Verlängerung eines auslautenden Vokals in 65 speciell für den ṛshitext gelehrt, indem auf die Stellung der Wörter in den vilomagliedern Rücksicht genommen ist; das „vibhâge" von Pr. 3, 1 kann sich, wie schon erwähnt, nicht auf die jaṭâ beziehen. In 111 wird der Abfall eines *v* nach *tu* und *nu* nur für den Fall vorgeschrieben, dass dasselbe in einem dem gaṇa *câdi* angehörenden Worte steht, in 165 die Verwandlung des Wortes *u* in *uv* nur dann gestattet, wenn *u* seine Quantität bewahrt. In Pr. 5, 13 und 9, 16 fehlen diese Beschränkungen; Gegenbeispiele aus den in Betracht kommenden jaṭâ's sind *vidusho nu nu vidusho vidusho nu* (1, 3, 13[1]), *varuṇas tu tu varuṇo varuṇas tu* und *û shu ṇo naḥ sû shu naḥ* (4, 1, 4[2] u. ö.). Ferner wird an das Verbot des Abfalls des *m* von *sam* in 113 um der jaṭâ's von *râjñe sam* und *râyaḥ sam* (1, 2, 5[2]) willen die Bedingung geknüpft, dass *sam* das erste Glied eines Kompositums ist; Pr. 13, 4 stellt diese Forderung nicht. Nach Pr. 5, 14 fällt jedes *s*, dem ein Konsonant folgt, nach *ut* ab; die Çikshâ hat wegen der jaṭâ's *svâyushod ut svâyushâ svâyushot* (1, 2, 8[1]) und *stomam ud ut stoma*. *stomam ut* (1, 7, 11[1.2]) den Abfall auf die Verbindungen *st* und *sth* beschränkt und ihn auch für diese verboten, wenn ein *o* folgt (114). Unter den Ausnahmen für die Regeln über den Wandel von *n* zu *ṇ* in Pr. 7, 15. 16 fehlt die Bemerkung, dass ursprüngliches Doppel-*n* nicht lingualisiert werde, die die Çikshâ in 141 macht. Sie bezieht sich auf die jaṭâ *annaṁ pra prânnam annaṁ pra*. Auf den jaṭâpâṭha ist auch die Erweiterung von Pr. 7, 2 zu schieben; nach jener Regel wird *n* nur nach *shaṭ*, nach Ç. 134 überhaupt nach *ṭ* lingualisiert, da die Lingualisation auch in der jaṭâ *na ânaḍ ânaṇ ṇo na ânaṭ* eintreten soll. Aus demselben Grunde ist die Form der Regeln über die Behandlung eines auf *ar* zurückgehnden *aḥ* vor *r* so völlig umgestaltet. In der saṁhitâ findet sich nur eine einzige Stelle, wo ein solches *aḥ* vor *r* zu *â* verwandelt wird: *eshṭâ râyaḥ* (1, 2, 11[1]; 6, 2, 2[6]); *suvaḥ* und *ahaḥ*, die öfter vor *r* erscheinen, verwandeln in dieser Stellung ihren Auslaut in *o* (z. B. 1, 7, 9[1]; 4, 1, 2[4]; 7, 13[1]; 1, 5, 9[7]). Im Prâtiçâkhya wird daher in 8, 7 zunächst der Übergang des visarga in *r*, der nach 8, 6 vor Vokalen und tönenden Konsonanten eintritt, vor *r* verboten. Bei den Regeln über den Abfall des visarga und die Dehnung des vorausgehnden Vokals vor *r* (8, 16, 17) wird dann wieder der Fall, dass der visarga hinter einem *a*-Vokal steht, ausgenommen. So fallen denn *suvaḥ* und *ahaḥ* unter die allgemeine Regel 9, 8, nach der *aḥ* vor tönenden Konsonanten zu *o* wird, während für *eshṭaḥ* in 8, 18 eine besondere Regel gegeben wird. Durch den jaṭâpâṭha werden aber die Fälle, wo *aḥ* in *â* übergeht, bedeutend vermehrt: wir haben *rukmo antaḥ* (4, 1, 10^{4-5} u. ö.), *rûpam akaḥ* (2, 6, 4^3), *râtriyâhaḥ*, und es mögen sich deren noch mehrere finden. Anstatt für alle diese Specialregeln aufzustellen, lehrt die Çikshâ in 143 die Verwandlung des visarga in *r* vor Vokalen und tönenden Konsonanten einschliesslich des *r* und schreibt in 147 allgemein den Abfall des so entstandenen *r* und die Dehnung des vorausgehnden Vokals vor *r* vor. In 148 wird dann speciell für *suvaḥ* vor *r* und für *ahaḥ* vor *rât* anstatt der Dehnung die Substitution von *o* gelehrt, bei *ahaḥ* mit der Einschränkung, dass es in einem dvandva stehn müsse. Dieser Zusatz wird ebenfalls durch den jaṭâpâṭha notwendig gemacht; er soll die Anwendung der Regel auf die jaṭâ von *râtriyâhaḥ* verhindern. Hierher gehört auch die Bestimmung, dass Regel 131 als Gegenausnahme aufzufassen sei; in der entsprechenden Prâtiçâkhyaregel 6, 13 fehlt ein solcher Zusatz. Die ausdrückliche Beschränkung auf Fälle, wo sowohl die Bedingungen der allgemeinen Regel (Pr. 6, 2; Ç. 124) als auch der dazu gemachten Ausnahme (Pr. 6, 7; Ç. 127) erfüllt sind, ist aber notwendig, da sonst auch in der jaṭâ von *stomâya jyotiḥ* das anlautende *s* von *stomâya* in *sh* verwandelt werden müsste. Vielleicht ist nur um des jaṭâpâṭha willen auch die Fassung von Pr. 7, 16 verändert. Es werden dort als Ausnahmen zu den Regeln über die Lingualisierung eines *n* die Wörter *anyaḥ*, *anyâbhiḥ*, *anyâni* aufgezählt; *anyam*, das wegen der jaṭâ von *anyaṁ pari* in Betracht kommt, fehlt also. In der Çikshâregel 141 aber ist es berücksichtigt, da dort an Stelle der einzelnen Wörter ein „mit dem udâtta versehenes *nya* in dem Worte *anya*“ ausgenommen wird.

Ausserdem ist in der Çikshâ aber auch eine ganze Reihe von Grundsätzen aufgestellt, nach denen die Anwendung der gegebenen Regeln bei der Bildung des jaṭâpâṭha zu erfolgen hat. Solche Grundsätze sind in den Regeln 61, 62, 63, 64 und 163 enthalten. Für krama- und jaṭâpâṭha zugleich ist Regel 57 bestimmt, nach welcher ein Wort mit verlängertem Vokal auch das gleiche Wort mit der Kürze bezeichnen soll. Die vor *athâ* in 162 (Pr. 9, 24) gelehrte Erhaltung eines *n* soll also auch stattfinden, wenn das Wort am Ende eines krama oder einer jaṭâ als *atha* erscheint. Mit Bezug auf beide Textarten ist auch den sûtra's 5, 18 und 19 in Ç. 112 hinzugefügt, dass die dort mit den vorausgehnden Wörtern citierten Wörter, auch wenn sie von diesen getrennt seien, den vorgeschriebenen Operationen unterlägen. Eine solche

Bestimmung hat natürlich nur für die krama's und jaṭâ's Bedeutung, die mit den folgenden Wörtern gebildet werden[1]). Das Prâtiçâkhya hat nichts von alledem.

Endlich wird allein in der Çikshâ die ganze Bildung des jaṭâpâṭha und die Definition der dabei in Anwendung kommenden Kunstausdrücke wie anuloma und viloma gelehrt (30—33; vgl. auch 26). Auch auf das Verdienstliche dieser Recitationsart wird hier in 229 hingewiesen.

Man sieht, die Zahl der Nachträge ist recht beträchtlich. Hätte das Prâtiçâkhya den jaṭâpâṭha wirklich von Anfang an in den Bereich seiner Regeln ziehen wollen, so würde es sich gerade hierbei einer Ungenauigkeit schuldig gemacht haben, wie wir sie in den übrigen Teilen des Buches kaum wieder finden. Auch das scheint mir meine Ansicht zu bestätigen: der Verfasser des Prâtiçâkhya liess den jaṭâpâṭha in seinem Werke ausser Acht, wahrscheinlich, weil ihm diese Art der Recitation überhaupt noch nicht bekannt war, und ein späterer Bearbeiter nahm dann die notwendigsten, durch die jaṭâ bedingten Zusätze und Veränderungen im Regeltexte vor. Damit tritt das Prâtiçâkhya in eine Reihe mit den übrigen Werken gleichen Namens, die alle ebenfalls den jaṭâpâṭha ignorieren.

Über das Verhältnis des Prâtiçâkhya zum kramapâṭha ist wenig zu sagen, da das Material an Regeln sehr gering ist. Es erklärt sich das natürlicherweise, wie Whitney S. 429 bemerkt, daraus, dass der krama keine sandhifragen aufbringt, die nicht auch im saṁhitâ- und padapâṭha entstehn, und daher keiner besonderen Aufmerksamkeit bedarf[2]). So kommen denn auch specielle Regeln für ihn überhaupt nicht vor. Die Regeln 7, 2; 8, 8. 9 und 9, 17, die ihm und dem jaṭâpâṭha gemeinsam sind, können, wie wir oben gesehen, auch wenn man vom jaṭâpâṭha absieht, nichts für ihn beweisen. Bei den übrigen, die er mit dem padapâṭha teilt, genügt die Beziehung auf diesen. Alle Angaben ferner über die Bildungsweise, den Zweck des pâṭha u. ähnl., wie sie die übrigen Prâtiçâkhya's, zum Teil in grosser Ausführlichkeit,

---

1) Auch die S. 38 angeführten Regeln, die die Çikshâ für den padapâṭha giebt, gelten natürlich für den jaṭâ- und kramapâṭha.

2) Er wird auch, wie aus Ç. 26 hervorgeht, gar nicht als eine besondere Art der saṁhitâ betrachtet: es wird dort angegeben, dass die saṁhitâ in zwei Arten, in die pada- und in die jaṭâsaṁhitâ, zerfalle. Vgl. auch das Tribhâshyaratna zu Pr. 20, 2.

machen (Ṛk-Pr. 10. 11. Vâj. Pr. 4, 179—194. Ath. Pr. 4, 74—100. 108—126), fehlen hier; die Çikshâ hat sie in den Regeln 28, 29, 52—54 und 63 nachgetragen. Sie nimmt ausserdem in den oben genannten Regeln 57 und 112 auf ihn zugleich mit dem jaṭâpâṭha Bezug.

Dreimal erscheint allerdings der Name *krama* im Prâtiçâkhya, in 23, 20; 24, 5 und 6; aber einerseits sind jene Regeln metrisch abgefasst und daher unursprünglich, andererseits scheint sich der Ausdruck, wenigstens an den beiden ersten Stellen, wirklich, wie der Kommentator erklärt, auf die Lehre von der Verdopplung, den sogenannten varṇakrama, zu beziehen [1]).

Es giebt demnach keine einzige Regel im Prâtiçâkhya, die mit Sicherheit auf den kramapâṭha zurückzuführen wäre, und wir müssen daher dem Verfasser die Berücksichtigung dieser Textart ebenso absprechen wie die des jaṭâpâṭha.

Was den padapâṭha betrifft, so war er dem Verfasser des Prâtiçâkhya selbstverständlich bekannt, und zwar war es, wie die Übereinstimmung in den eigentümlichsten Auffassungen [2]) zeigt, genau derselbe, der uns heute vorliegt. Whitney hält dies allerdings in Bezug auf die Accentuation für fraglich. Er folgert das aus der Regel, 20, 3, die er völlig abweichend vom Kommentar erklärt. Ich vermag ihm hierin aber nicht beizustimmen und ziehe die Interpretation des Kommentators vor, die genau mit der Lehre der Çikshâ übereinstimmt. Die Regeln über die Namen der sogenannten abhängigen svarita lauten hier:

yaḥ samânapade svâras tairovyañjana ucyate ‖ 218 ‖
pâdavṛttas tayor vyaktâv anyaḥ prâtihataḥ smṛtaḥ ‖ 219 ‖

Dass die Erklärung des sûtra Schwierigkeiten bereitet, ist nicht zu bestreiten; allein das Gleiche findet auch bei den übrigen Regeln über die Namen der svarita statt und dieser Umstand scheint mir nur meine S. 23 ausgesprochene Behauptung zu bestätigen,

1) Anders Whitney; s. die Bemerkungen zu den Regeln.

2) z. B. in der Lesung *nîcâ* für *nîcât* (2, 3. 14⁶), *asam-ṛtyai* für *asam-artyai* (3, 3, 8²) u. a. m. Vgl. Whitney S. 429. Weber bemerkt Ind. Stud. 13, 106, dass in der Stelle 1, 5, 1¹ das im padapâṭha stehnde áçru | áçîyata in der saṁhitâ als áçráv áçîyata erscheine. Einen solchen Übergang von u in av lehrt weder das Prâtiçâkhya noch die Çikshâ. Allein die Schreibung áçráv findet sich auch gar nicht in allen Handschriften und beruht da, wo sie vorkommt, offenbar auf einem Schreibfehler: यद्श्रवश्रीयत तत् für यद्श्रुवश्रीयत तत्. So erklärt sich auch, dass áçráv auf beiden Silben den udâtta trägt.

dass dieser ganze Abschnitt unecht ist und von einem Späteren herrührt, der den sûtrastil nicht mehr beherrschte. Ebensowenig tritt in der Behandlung der auf *o* auslautenden pragraha ein Unterschied zu Tage[1]). Nach 4, 6 erhalten die Vokative auf *o* nur vor *a* und einem Konsonanten den terminus pragraha und können daher auch nur in diesen beiden Fällen durch *iti* im padapâṭha hervorgehoben werden. Whitney, dem kein Manuscript des padapâṭha zu Gebote stand, hielt eine solche ungleichmässige Behandlung im padapâṭha für ausgeschlossen. Allein das Verfahren unseres padatextes stimmt damit genau überein, und Whitney hat seine Äusserungen in den Zusätzen und Verbesserungen S. 468 selbst berichtigt. Doch vermisst er auch hier noch die Rechtfertigung des nach *o*, *uto*, *upo* und *pro* im padapâṭha auftretenden *iti* durch die Regel des Prâtiçâkhya. Mit Unrecht. Alle diese Wörter fallen ebenfalls unter Regel 4, 6, da sie nur vor Konsonanten vorkommen, und das auslautende *o* im padapâṭha unverändert bleibt und daher nicht „sâṁhita" im Sinne des Prâtiçâkhya ist.

Vorschriften mit Rücksicht auf den padapâṭha enthalten nach den obigen Bemerkungen die sûtra's 1, 60; 4, 4; 8, 13; 9, 20. 21. Ausserdem gehört das ganze dritte Kapitel hierher[2]). Es ist sehr wohl möglich, dass die vereinzelten Beziehungen auf den padapâṭha wie *suvaḥ* in 8, 13 erst später eingeschoben sind; das Fehlen von innern Gründen und die zweifellose Kenntnis des padapâṭha seitens des Verfassers verteidigen aber doch die Ursprünglichkeit. Nur einen Irrtum, zu dem das dritte Kapitel und die Erklärung des Kommentars von 4, 4 Anlass geben könnte, möchte ich hier abweisen: das Prâtiçâkhya beabsichtigt auf keinen Fall Vorschriften für die Konstruktion des padatextes zu geben, wie dies das Vâjasaneyi-Prâtiçâkhya (Kap. 4 und 5) und das Atharva-Prâtiçâkhya (Kap. 4) tun[3]); es wird nur in einzelnen Fällen auf die Be-

---

1) Whitney sieht hier nur: a (very unusual) awkwardness of statement on the part of the Prâtiçâkhya (S. 429).

2) Regel 5, 2 enthält keine Beziehung auf den padapâṭha. Sie lehrt nicht den padapâṭha als die Grundlage der saṁhitâ, wie Whitney meint, sondern giebt eine Definition der prakṛti d. h. einer Stelle aus der saṁhitâ, die dem padapâṭha gegenüber keine lautlichen Veränderungen aufweist. Dass dies der richtige Sinn ist, beweist die entsprechende Regel der Çikshâ 27:

padavat saṁhitâ yatra na kâryaṁ sâṁhitaṁ yadi |
vijñeyâ prakṛtis tasyâ jñânâd eva phalaṁ labhet ||

3) So schon Whitney: our treatise does not give, as the others do, formal rules for the construction of any of the other texts (S. 428). Vgl. auch die Note zu 4, 4.

handlung von Wörtern im padapâṭha, speciell vor *iti*, aufmerksam gemacht. Die Regeln über den verlängerten Auslaut werden ja allerdings in der Form gegeben, dass die Verkürzung der langen Vokale für den padatext gelehrt wird, allein das ist eben auch nur eine Form, die vielleicht um der Kürze willen gewählt worden ist [1]). Vielleicht ist auch die ganze Liste unverändert einem älteren Werke entnommen. Jedenfalls steht diese Art von Regeln ganz vereinzelt da und hat der Masse der übrigen gegenüber keine Bedeutung. Ebenso steht es mit Regel 4, 4: *itiparo 'pi*, die angeblich bedeuten soll: einem pragrahaworte wird im padatexte *iti* angefügt. Diese Interpretation ist schon deshalb unmöglich, weil die notwendige Bestimmung „im padapâṭha" in der Regel gar nicht ausgedrückt ist. Der Kommentator weiss allerdings dem dadurch abzuhelfen, dass er „*vibhâge*, bei Unterbrechung des Zusammenhangs" nach dem Princip des Löwenblicks aus der ersten Regel des vorigen Kapitels herbeischafft; allein das ist wieder nur ein Kunststück und keine Erklärung. Abgesehen davon würde aber die Regel so ganz allein stehn, und man könnte mit Recht fragen, warum die Hervorhebung durch *iti* nicht auch z. B. für die trennbaren Wörter und die upasarga's gelehrt werde. Aus diesem Grunde hat schon Whitney eine andere Erklärung vorgeschlagen, die ich für die richtige halte. Nach ihm bedeutet die Regel, dass ein als pragraha bezeichnetes Wort „auch vor *iti*" in den andern Texten diesen Terminus behält [2]). Bei dieser Erklärung steht die Regel durchaus den übrigen gleich.

Die Çikshâ steht dem padapâṭha ebenso gegenüber wie den beiden andern Textarten: sie giebt, wenn auch durchaus nicht in erschöpfender Weise, Anweisungen für seine Bildung. Sie lehrt in 52 und 54, welche Wörter einfach durch *iti* hervorzuheben, in 53, welche als parigṛhya zu wiederholen sind. 326 und 327 enthalten Angaben über das Mass verschiedener Pausen im padapâtha.

Wir haben nun eine ganze Reihe von sûtra's kennen gelernt, die dem ursprünglichen Texte des Prâtiçâkhya nicht angehörten, aber kein einziger der bisherigen Fälle entscheidet die Frage, in

1) Man vergleiche den Umfang, den die Regeln in der gewöhnlichen Form in der Çikshâ einnehmen. Allerdings war die Ausführlichkeit, wie sie in der Çikshâ herrscht, nicht überall notwendig (s. weiter unten).

2) Vgl. 8, 12: *itiparo'pi*, das allerdings unecht ist, und 9, 20: *anitiparaḥ*, die beide in demselben Sinne wie 4, 4 zu nehmen sind.

welcher Gestalt das Prâtiçâkhya dem Çikshâverfasser vorgelegen hat. Wir haben gesehen, dass in einigen Fällen die veränderte Fassung einer Regel oder eine eingeschobene Regel in der Çikshâ wiederkehrt, aber hier kann ja der Çikshâverfasser selbständig gearbeitet haben [1]). In andern Fällen fehlt allerdings die unechte Regel in der Çikshâ, allein der Inhalt aller dieser Regeln ist nicht derart, dass er nicht ohne weiteres weggelassen sein könnte.

Glücklicherweise ist es aber wenigstens an einer Stelle zweifellos, dass dem Çikshâverfasser ein sûtra unbekannt war, das sich in dem jetzigen Texte des Prâtiçâkhya vorfindet. Es ist dies sûtra 8, 15. In 8, 13 wird die Verwandlung von *ahaḥ* unter gewissen Bedingungen in *ahar* gelehrt. Unsere Regel führt als eine Ausnahme dazu namentlich das Wort *aṅhaḥ* an, das nach dem Principe, dass unter einem Worte auch ein gleichförmiges mit inlautendem anusvâra zu verstehn ist, unter Regel 8, 13 fällt. Dieses Princip tritt nun zwar noch einmal in dem Werke (in 11, 4) zu Tage; da aber seine Beobachtung nicht besonders vorgeschrieben ist, so würde das Fehlen von 8, 15 kaum etwas auffälliges haben. Um so mehr überrascht es, wenn wir das sûtra in der Çikshâ übergangen sehen, da diese in Regel 56 auf den zur Anwendung kommenden Grundsatz ausdrücklich hinweist. Der Kommentator ist allerdings auch hier wieder mit einer Erklärung bereit; nach ihm ist sûtra 8, 15 durch ein *tu* ausgedrückt [2]); natürlich bedarf eine solche Interpretation keiner ernstlichen Widerlegung. Meiner Ansicht nach ist das Fehlen der Regel in der Çikshâ nur dadurch zu erklären, dass die Regel dem Verfasser im Prâtiçâkhya noch nicht vorlag.

Auf eine zweite Spur führt Regel 51 der Çikshâ: *nâte 've ... nityam*. Sie entspricht dem sûtra 4, 54, doch fehlt in der Çikshâ die Bestimmung, dass *ate* einem einzigen Worte angehören muss, um von den pragraharegeln ausgeschlossen zu werden. Auch diese Übergehung wird eigentlich nur durch die Annahme erklärlich, dass die Einschränkung zur Zeit der Çikshâ noch nicht vorhanden war, während sie sonst um so rätselhafter sein würde, als die Çikshâ in ähnlichen Fällen gerade kleine Ungenauigkeiten im Prâtiçâkhya sorgfältig zu verbessern gewohnt ist.

Mit hoher Wahrscheinlichkeit lässt sich auch noch ein dritter Fall hierher stellen. Pr. 1, 21 lehrt die Bildung von Konsonanten-

---

1) Über die Regeln, die wörtlich übereinstimmen, s. S. 42.

2) Regel 146:

aniṅgyântâḥ suvaç câhâs tv ahar na bhyâṁbhiruttaraḥ.

namen durch Anfügung von *a*; die Çikshâ übergeht die Regel, obwohl sie in der Terminologie in diesem Punkte vom Prâtiçâkhya nicht abweicht. Dazu kommt, dass Form und Stellung die Regel verdächtig machen. Man vermisst den Hinweis darauf, dass die Regel nur eine Ergänzung zu 1, 17 ist, etwa durch ein hinzugefügtes *vâ*, und erwartet sie auch im Anschluss an diese Regel, zumal die folgende (1, 18) auch zu ihr eine Ausnahme bildet. Durch Textverderbnis kann sie aber nicht an die falsche Stelle geraten sein, da sie durch anuvṛtti an die folgende Regel (22) gebunden ist, die sicher zum alten Bestande des Prâtiçâkhya gehört. Man muss also annehmen, dass der Verfasser des Prâtiçâkhya ursprünglich die Anfügung von *a* an Konsonanten nicht lehrte, sei es aus Unachtsamkeit, sei es, dass er es für überflüssig hielt, und dass später, nach Abfassung der Çikshâ, das sûtra: *akâro grahaṇasya* in die beiden sûtra's: *akâro vyañjanânâm* und *grahaṇasya ca* verändert wurde. Diese Annahme wird nur dadurch etwas unsicher gemacht, dass die Regel eine sehr gewöhnliche Erscheinung betrifft und daher die Möglichkeit vorliegt, dass der Çikshâverfasser sie als selbstverständlich überging.

Auch bei einem vierten hierhergehörigen Falle ist eine andere Erklärung nicht ausgeschlossen. Das Prâtiçâkhya lehrt in 14, 29 das Eintreten des abhängigen svarita mit den Worten: *udâttât paro 'nudâttaḥ svaritam.* Das Maskulinum macht die Ergänzung von *svaraḥ* (Vokal) notwendig und die Regel bedarf daher, um vollständig zu sein, noch der Bestimmung, dass auch ein Konsonant zwischen dem betonten und dem unbetonten Vokale stehn dürfe. Diese Ergänzung wird in 14, 30 gegeben. In der Çikshâ fehlt sie aber, obwohl die Hauptregel (215) sich durchaus mit Pr. 14, 29 deckt:

uccâd uttarato nîcaḥ svaritaṁ pratipadyate.

Indessen kann hier der Verfasser auch eine Ergänzung von *svaraḥ* im Sinne von Accent beabsichtigt haben, und er kann sich zur Rechtfertigung seiner Regel sogar auf Pâṇini berufen, der 8, 4, 66 auch ohne weiteren Zusatz „*udâttâd anudâttasya svaritaḥ*“ lehrt.

Mag dem nun aber auch sein, wie ihm wolle, wir haben in dem Fehlen von *aḥaḥ* in der Çikshâ einen sichern Beweis, dass nach der Abfassung dieses Werkes eine Änderung im Prâtiçâkhya vorgenommen ist, und ich glaube, dass wir daraus schliessen dürfen, dass das gleiche an anderen Stellen geschehen ist, wo es sich unserer Beobachtung entzieht.

Wir würden allerdings zu weit gehn, wenn wir den Text des

Prâtiçâkhya als zur Zeit der Çikshâ noch völlig rein betrachten wollten. Dass er schon damals teilweise verderbt war, geht daraus hervor, dass die Unordnung, die, wie oben erwähnt, im Prâtiçâkhya in dem Abschnitte 14, 1—4 herrscht, in der Çikshâ in der gleichen Weise zu Tage tritt. Aber auch von Interpolationen war er nicht mehr frei. Zwar kann die Wiederkehr unechter sûtra's in der Çikshâ an und für sich noch nicht beweisen, dass sie dem Verfasser vorlagen. Der letztere kann, wie schon bemerkt, selbständig gearbeitet haben, ja, es kann sogar das umgekehrte Verhältnis vorliegen: die Regel kann in der Çikshâ ursprünglich und von da in das Prâtiçâkhya eingedrungen sein. Liegt doch schon sowieso die Vermutung nahe, dass bei der Überarbeitung des Prâtiçâkhya die Vyâsaçikshâ, die ja immer dem Prâtiçâkhya parallel geht, benutzt worden sei, und in einer Regel glaube ich auch noch ein deutliches Anzeichen dafür zu erkennen. Es ist dies wieder das schon oben besprochene sûtra 8, 13. Einige der von Whitney benutzten Handschriften, darunter die beste, W., weisen durch ihre Lesungen im Texte wie in der Umschreibung des Kommentars darauf hin, dass am Schlusse des sûtra nicht *aniñgyântaḥ*, sondern *aniñgyântâḥ* gestanden habe[1]). Whitney hat *aniñgyântaḥ* aufgenommen, weil dies von der Mehrzahl der Handschriften geboten wird; er scheint dabei nicht bedacht zu haben, dass es weit leichter ist, eine Entstellung von *aniñgyântâḥ* zu *aniñgyântaḥ* als das Umgekehrte anzunehmen, da die Anwendung des Plurals im höchsten Grade auffällig ist und dem sonstigen Gebrauche des Werkes durchaus widerspricht[2]). Dem Texte in seiner ältesten Form kann natürlich dies *aniñgyântâḥ* nicht angehört haben. Da in jenem nur, wie oben gezeigt, die beiden Wörter *ahâḥ* und *ahaḥ* genannt waren, so hätte höchstens der Dual gesetzt sein können. Die Änderung in den Plural muss also zugleich mit der Einschiebung von *suvaḥ* erfolgt sein, und bei der Aufnahme von *aniñgyântâḥ* scheint mir nun die Fassung der 8, 13 und 14 entsprechenden Çikshâregel 146:

aniñgyântâḥ suvaç câhâs tv ahar na bhyâṁbhiruttaraḥ

mitgewirkt zu haben. Hier ist der Plural durchaus am Platze; durch ihn allein wird in dem Verse die Beziehung der Einschränkung „ausser am Ende eines trennbaren Wortes“ auf alle drei Wörter klar, während der Singular es völlig dunkel lassen würde,

---

1) Auch die Göttinger Handschrift des Prâtiçâkhya (Sanskr. 15) liest so.
2) Vgl. z. B. die ganz analogen Regeln 7, 11 und 11, 14, wo der Singular steht.

auf welche Wörter die Bestimmung *aniṅgyânta*, auf welche *bhyâṁbhiruttara* gehn sollte.

Nur ein Abschnitt unechter Regeln lässt sich mit Sicherheit als der Çikshâ bekannt erweisen: 22, 3–8. Die Çikshâ giebt die Regeln in 16—18 wieder:

nirdeçâḥ kâramukhyâç cânvâdeçâv api cety adhaḥ || 16 ||
tv athaiveti nivṛttistho hy adhikâro 'vadhârakaḥ || 17 ||
an a mâ na nishedhe syur veti vaibhâshiko bhavet || 18 ||

Den direkten Zusammenhang zwischen Prâtiçâkhya und Çikshâ macht hier die Gleichheit im Wortlaut zweifellos. Die Erklärung, dass das Prâtiçâkhya aus der Çikshâ geschöpft habe, ist in diesem Falle aber unmöglich, da sie die Beschränkung der nirdeçaka's auf *varṇa* und *kâra*, die Änderung des für *nivṛttisthaḥ* zu erwartenden *nivartakaḥ* in *vinivartakaḥ*, die Weglassung von *an* und *a*[1]) neben *na* und die Umstellung der beiden letzten Regeln nicht rechtfertigen kann. Betrachten wir aber das Prâtiçâkhya als Grundlage, so haben die Änderungen in der Çikshâ nichts Auffälliges. Die Ersetzung von *varṇakârau* durch den weiteren Begriff *kâramukhyâḥ*, um auch *varga* u. ä. einzuschliessen, und die Vervollständigung der Reihe der Negationen gehören zu den gewöhnlichen Verbesserungen der Çikshâ; der Gebrauch von *nivṛttisthaḥ* und die Vertauschung der letzten Regeln sind unter dem Zwange des Metrums erfolgt.

Viel unsicherer ist die Abhängigkeit der Çikshâregeln 278 und 25 von den unechten sûtra's 23, 10 und 24, 1—4. Die Regeln der Çikshâ lauten:

vâyau caraty urasy antar mandra udbhavati dhvaniḥ |
kaṇṭhe ca madhyamo jñeyaḥ çîrshe târaḥ svaçaktitaḥ || 278 ||
padasvaravarṇâṅgânâṁ dvidviyukte tu saṁhitâ || 25 ||

Die wörtliche Übereinstimmung ist hier zwar geringer, allein, da die Regeln weder im Prâtiçâkhya noch in der Çikshâ unumgänglich nothwendig sind, so kann ihr Auftreten in beiden Werken nur durch die Annahme eines inneren Zusammenhanges erklärt werden. Wem gebührt aber in diesem Falle die Priorität? Aus den Regeln selbst ist die Frage nicht zu entscheiden, doch dürfen wir wohl aus dem Umstande, dass der Çikshâverfasser die sûtra's 22, 3—8 benutzte, schliessen, dass ihm auch andere Teile des Nachtrags am Schlusse des Prâtiçâkhya vorlagen und dass somit auch hier die Regeln der Çikshâ auf denen des Prâtiçâkhya be-

1) *mâ* kommt im Prâtiçâkhya, aber auch in der Çikshâ nirgends vor.

ruhen. Wie weit die übrigen oben als unecht bezeichneten sûtra's dem Çikshâverfasser bekannt waren, lässt sich nicht feststellen.

Wir haben im Bisherigen uns ein Bild von der Gestalt des Werkes zu machen versucht, das unserer Çikshâ als Vorlage diente. Es bleibt uns jetzt noch übrig zu untersuchen, wie der Text aussah, der ihr als Hauptgrundlage diente, die Taittirîyasaṁhitâ. Es ist dabei aber nötig, auch auf die Frage einzugehn, in welcher Form die saṁhitâ dem Verfasser des Prâtiçâkhya vorlag, einmal, weil diese Frage vielfach gerade erst durch die Çikshâ entschieden wird, dann aber auch, um etwaige Verschiedenheiten zu erkennen.

Wir müssen zunächst eine Ansicht zurückweisen, die der Verfasser des Tribhâshyaratna über das Verhältnis des Prâtiçâkhya zur saṁhitâ aufgestellt hat. Er behauptet die Gültigkeit der Prâtiçâkhyaregeln auf für andere Textrecensionen (*çâkhântara*) als die uns überlieferte. Das Prâtiçâkhya, das im Allgemeinen den Grundsatz hat, sich bei Citaten auf das Mass des absolut notwendigen zu beschränken, führt nämlich doch des öftern Komposita in ihrer vollen Form, also zwei pada, an, ohne dass sich die Hinzufügung des einen der beiden Wörter durch den Text der saṁhitâ rechtfertigen liesse. So haben wir in 4, 11 *viçâkhe, stutaçastre, ṛksâme, vidhṛte, pûrvaje*, in 4, 12 *vapâçrapaṇî*, in 4, 15 *sahurî, sahûtî, âhûtî*, in 6, 5 *sumatiḥ*, in 11, 16 *saṁsphânaḥ* und in 12, 3 *saṁnaddhaḥ*, wo immer das zweite Glied *çâkhe, çastre* u. s. w. genügt hätte. In allen diesen Fällen soll nach dem Tribhâshyaratna das Prâtiçâkhya Texte anderer Schulen im Auge gehabt haben. Aus dem gleichen Grunde soll in 4, 37 die pragrahaschaft von *gnî* vor *hi* statt vor *h* verboten sein, soll in 11, 3 *dhâtâ râtiḥ* statt des einfachen *dhâtâ* als Anfang des anuvâka gegeben sein und in 11, 15 die Erhaltung eines *a* vor *gni* statt vor *gniḥ* gelehrt sein. Nach 11, 9 soll *asmân* vor *a*, wenn *râye* vorausgeht, sein *a* behalten; da die saṁhitâ das Wort in dieser Stellung nicht zeigt, so wird auch hier wieder auf einen andern Text verwiesen. Das Gleiche geschieht um die Anführung von *mâsi* in 16, 12 zu erklären, die sonst durch 16, 17 überflüssig gemacht wäre. Endlich wird, ohne dass ein zwingender Grund vorhanden wäre, unter 13, 16 und 15, 8 je ein Beispiel aus einem andern Texte citiert.

Schon Whitney hat S. 425 mit Bestimmtheit ausgesprochen, dass alles dies falsche und willkürliche Interpretation sei, und dass der Kommentator zu ihr seine Zuflucht nur nehme, um das

Prâtiçâkhya von dem Vorwurfe der Ungenauigkeit zu befreien. Darauf deutet der Kommentator schon selbst hin, wenn er unter 11, 9 uns die Wahl lässt, die Anführung von *râye* auf eine andere Textrecension oder auf die jaṭâ einer Stelle unserer saṁhitâ zu beziehen [1]). Völlig bewiesen wird die Richtigkeit von Whitney's Ansicht aber durch unsere Çikshâ und ihren Kommentar.

Am besten illustriert das Verfahren des Tribhâshyaratna der Fall in 6, 5, wo das *su* von *sumatiḥ* durch ein Gegenbeispiel aus einem andern Texte erklärt wird; das Vedataijasa bringt unter der entsprechenden Regel 126 ein richtiges Gegenbeispiel aus der saṁhitâ. Der Verfasser des Tribhâshyaratna hat hier also offenbar nur deshalb jene Stelle aus dem fremden Texte angezogen, wenn nicht gar selbst fabriciert, weil ihm kein Beleg aus der saṁhitâ einfiel. Ähnlich liegt die Sache bei den in 11, 15 genannten *gni*, das im Vedataijasa unter 185 durch eine Stelle aus dem jaṭâpâṭha erklärt wird. In den meisten Fällen hat die Çikshâ die Ungenauigkeit des Prâtiçâkhya verbessert. So werden in den 4, 11. 12. 15 und 12, 3 entsprechenden Regeln 41, 38 und 191 die überflüssigen ersten Kompositionsglieder der oben genannten Wörter weggelassen; nur *âhuti* ist, wohl mit Rücksicht auf die sich anschliessende Regel [2]), unverändert übernommen, und der Kommentar bringt denn auch dasselbe Gegenbeispiel aus dem andern Texte wie das Tribhâshyaratna: *huti tasmâd devâḥ*. Ebenso ist in 188, offenbar nur durch ein Versehen, *sa͜sphânaḥ* für *sphânaḥ* aus Pr. 11, 16 aufgenommen; das Vedataijasa unterlässt es aber in diesem Falle, überhaupt ein Gegenbeispiel zu geben [3]). Unverändert kehrt auch das *hi* von Pr. 4, 37 in Regel 40 wieder; hier ist aber auch jeder Einwand unberechtigt, da gar nichts vorliegt, was die Citierung des Buchstabens *h* an Stelle des Wortes *hi* erforderlich machen könnte; auf ein Gegenbeispiel hat daher das Vedataijasa in diesem Falle mit Recht verzichtet. Verbessert ist dagegen in 179 das *dhâtâ râtiḥ* von Pr. 11, 3 zu *dhâtâ*. Desgleichen fehlt in

---

1) Vgl. S. 25. Der Verfasser des Tribhâshyaratna scheint auf den Einfall, die çâkhântara's heranzuziehen, selbständig gekommen zu sein. Unter 12, 3 und 16, 12 bemerkt er, dass einige seiner Vorgänger zur Erklärung Stellen aus unserer saṁhitâ beigebracht haben, die allerdings ganz unpassend sind.

2) Es wird daselbst nämlich gelehrt, dass ein von *âhuti* bewirktes (*kṛta*) Wort, d. h. ein von ihm abhängiges Adjektiv pragraha sei. Bei dieser Ausdrucksweise musste natürlich das vollständige Wort *âhuti* angeführt werden.

3) An derselben Stelle findet sich in beiden Werken *samiddhaḥ*, wo das einfache *iddhaḥ* genügt hätte. In diesem Falle haben beide Kommentatoren auf ein Gegenbeispiel verzichtet.

der 11, 9 entsprechenden Regel 184 *râye*, dessen Anführung sicherlich nur als ein Fehler im Prâtiçâkhya betrachtet werden muss [1]). Die sûtra's 13, 16 und 16, 12 haben in der Çikshâ keine korrespondierenden Regeln; 15, 8 wird zwar in der Çikshâ in 302 wiedergegeben, allein das Vedataijasa giebt für diese Regel keine Beispiele. Die Stelle, die das Tribhâshyaratna angeblich einer andern Textrecension entnommen hat, kommt indessen in der Çikshâ selbst vor: in 304 wird unter den Wörtern, die den sogenannten plutarañga aufweisen, (*yad*) *ghrâçṁ* [2]) genannt. Die Stelle findet sich im Âraṇyaka (5, 1, 5), und ich bezweifle gar nicht, dass sie dem Verfasser des Tribhâshyaratna auch nur aus diesem Werke bekannt war, und dass die Behauptung, dass sie aus einer andern çâkhâ stamme, einfach auf Irrtum beruht. Selbständig, d. h. ohne im Tribhâshyaratna ein Vorbild zu haben, verweist das Vedataijasa auf den Text einer andern Schule unter 103, wo gezeigt werden soll, dass *çrudhi* nur vor *havam* seinen Auslaut verlängert. Warum dieser Hinweis gerade bei *çrudhi* gemacht wird, weiss ich nicht; mit demselben Rechte hätte diese Bemerkung bei den meisten der in den Regeln über die Verlängerung genannten Wörter gemacht werden können, da bei den meisten die Anführung der speciellen nimitta durch die in der Einleitungsregel 65 gegebene Bestimmung „im ṛshitexte vor Konsonanten" entbehrlich geworden ist. Die Çikshâ giebt eben in jenen Regeln mehr, als absolut notwendig ist; dass sie aber den Text einer andern Schule berücksichtigen sollte, ist meiner Ansicht nach ebenso wie beim Prâtiçâkhya ausgeschlossen. Gerade der Umstand, dass sich zwei Regeln der Çikshâ (*âhutî* in 38 und *çrudhi* in 103) auf andere Recensionen beziehen sollen, während sonst jede angeblich derartige Bestimmung des Prâtiçâkhya ausgemerzt ist, zeigt, dass der ganze Hinweis nur eine leere Ausflucht des Kommentars nach dem Muster des Tribhâshyaratna ist.

Nun darf allerdings nicht verschwiegen werden, dass das Prâtiçâkhya in der Tat vier Wörter enthält, die nicht in der saṁhitâ gefunden werden und nach dem Kommentar aus andern Recensionen stammen. Es sind dies *stanutaḥ* (8, 8), *carshaṇ* (13, 13), *jîgivâ* (16, 13) und *jighâsi* (16, 18). Die drei letzten kommen in der Çikshâ nicht vor, da sie in Regeln stehn, die die Çikshâ übergeht; *stanutaḥ* aber erscheint in 144 wieder, und zwar nach dem

1) S. S. 26.

2) So ist mit G. M. und Râjendralâla Mitra im Tribhâshyaratna zu lesen!

Vedataijasa in der Form *tanutaḥ*[1]). Whitney hat aus drei Gründen diese Wörter für Verderbnisse oder fehlerhafte Einschiebungen in das Prâtiçâkhya erklärt: weil sie alle vier nur eine Art von Reflexen vorausgehnder Wörter (*sanutaḥ*, *carmaṇ*, *jigivâ*, *jigâsi*) sind, weil sie bisher aus keinem vedischen Texte bekannt und drittens zum Teil überhaupt unmögliche oder höchst unwahrscheinliche Formen sind. Ich halte diese Gründe für überzeugend; höchst auffällig ist es allerdings, dass der Çikshâverfasser in 144 seine Vorlage nicht verbessert hat. Indessen kann meiner Ansicht nach hier nur ein Fehler vorliegen, der durch das Festhalten an der Autorität des Prâtiçâkhya entstanden ist, und jeder Rückschluss auf eine von der heutigen abweichende Textesgestalt ist verfehlt[2]).

Wie im Wortlaut deckte sich aber auch an Umfang die saṁhitâ des Prâtiçâkhya und der Çikshâ mit der uns erhaltenen. Die wenigen im Prâtiçâkhya unberücksichtigt gebliebenen Stellen[3]) sind sicherlich, wie schon Whitney annahm, nur übersehen. Die Çikshâ hat denn auch diese Versehen in den entsprechenden Regeln verbessert[4]). Aber auch sie lässt sich ein paarmal in Par-

1) *sanutastanutaḥ* wird nämlich vom Tribhâshyaratna in *sanutaḥ stanutaḥ*, vom Vedataijasa in *sanutaḥ tanutaḥ* zerlegt. Eine der von Râjendralâla Mitra benutzten Handschriften hat übrigens auch einmal *tanutaḥ*.

2) Hier wäre eigentlich noch die Untersuchung anzustellen, die auch Whitney (S. 425) gemacht hat, ob nämlich die Citate, die der Kommentator bringt, irgendwelche Verschiedenheit im Texte erkennen lassen. Ich verschiebe das aber auf später, da ich der festen Überzeugung bin, dass sich die Zahl der von mir bisher nicht gefundenen Stellen durch wiederholtes Durchlesen der saṁhitâ erheblich vermindern wird. Ein kleiner Rest solcher Stellen wird allerdings wohl immer bleiben, wie das auch im Tribhâshyaratna und im Kommentar zur Bhâradvâjaçikshâ der Fall ist. Zum grössten Teil werden das einfach Verderbnisse sein, immer reicht aber diese Erklärung nicht aus. So wird z. B. das ganz unverständliche *âpa pûrshaṁbaraç caiva* unter 274 dadurch als richtig erwiesen, dass der Kommentar der Bhâradvâjaçikshâ es in derselben Form unter Regel 20 anführt. Wie dem aber auch sein mag, das Material ist jedenfalls viel zu gering und unsicher, um irgend etwas beweisen zu können.

3) Sie sind von Whitney S. 426 zusammengestellt; doch müssen dieser Liste noch einige andere hinzugefügt werden. *rakshâ* (1, 4, 24) gehört aber nicht dahin, da es nach dem padapâṭha aus *raksha* entstanden ist.

4) Die Einzelheiten sind weiter unten besprochen. *strîsha∘sâdam* und *srâdusha∘sadaḥ* (Whitney S. 426) kommen in der Çikshâ nicht vor, da sie die Wörter mit inlautendem anusvâra nicht aufzählt. Dass aber die betreffenden Stellen der saṁhitâ des Prâtiçâkhyaverfassers nicht fehlten, geht daraus hervor, dass in 8, 8 *abibhaḥ* aus demselben anuvâka, der *strîsha∘sâdam* enthält (2, 5, 1), und in 3, 7 *çaktî* sogar aus derselben ṛc, in der *srâdusha∘sadaḥ* steht (4, 6, 6[3]), citiert werden. (*abibhaḥ* kommt nur an der angegebenen Stelle vor und ist daher nicht, wie Whitney S. 424 bemerkt, unbestimmt hinweisend.)

tien, wo sie selbständig ist, die gleiche Ungenauigkeit zu schulden kommen[1]); an eine Verschiedenheit des Textes ist auch hier natürlich nicht zu denken.

Nur in drei Punkten, die aber reine Äusserlichkeiten betreffen, hat sich in der Tat die saṁhitâ seit der Abfassung von Prâtiçâkhya und Çikshâ verändert. Der erste betrifft die Einteilung des Textes. Dass die saṁhitâ schon zur Zeit des Prâtiçâkhya in kâṇḍa, praçna und anuvâka zerfiel, kann keinem Zweifel unterliegen. Zwar kommen diese Ausdrücke im Prâtiçâkhya selbst nicht vor, allein es werden häufig anuvâka's einzeln oder in Gruppen zusammengefasst mit den Anfangsworten oder unter bestimmten Titeln citiert. Eine Zusammenstellung der letzteren giebt Whitney S. 430. In der Çikshâ tritt die Übereinstimmung mit der heutigen Einteilung noch deutlicher zu Tage; hier werden kâṇḍa, praçna und anuvâka in 340 ausdrücklich genannt[2]). Anuvâka's werden in derselben Weise wie im Prâtiçâkhya citiert; die erwähnten Titel kehren grösstenteils auch in der Çikshâ wieder: *ishṭi* (Pr. 4, 52) in 50, *ukhya* (Pr. 9, 20; 11, 13) in 159, 179, *graha* (Pr. 9, 20) in 159, *pṛshṭhya* (Pr. 9, 20) in 159, *mahâpṛshṭhya* (Pr. 11, 3) in 179, *yâjyâ* (Pr. 9, 20; 11, 3) in 159, 179, *vâjapeya* (Pr. 11, 3) in 179, *vikarsha* (Pr. 11, 3) in 179, *hiraṇyavarṇîya* (Pr. 9, 20) in 159. Für *vihavya* (Pr. 11, 3) finden wir in 179 *havya*, eine Änderung, die sicherlich nur dem Verse zu Liebe gemacht ist[3]). Die anuvâka's 4, 5, 1 und 10 werden in 179 nicht wie im Prâtiçâkhya (11, 3) als der erste und vorletzte des Rudraabschnittes (*Rudraprathamopottama*), sondern nach den Anfangsworten bezeichnet. Ebenda ist auch der Name *hiraṇyavarṇîya* (Pr. 11, 3) durch die Anfangsworte *hiraṇyava* ersetzt. Ganz weggefallen ist die Anführung des *agni*- und des *yâjyâ*-abschnittes in den Pr. 3, 9 und 11 entsprechenden Regeln 79 und 98, da sie durch die veränderte Fassung der Regeln überflüssig gemacht wurde[4]).

---

1) Eine Zusammenstellung derselben findet sich weiter unten.

2) Die Ausdrücke ashṭaka für kâṇḍa (Komm. zur Âtreyânukramaṇî, Ind. Stud. 3, 381 § 14. 16) und prapâṭhaka für praçna (Ausgabe in der Bibliotheca Indica und darnach auch in der Weberschen Ausgabe) kommen auch bei den Kommentatoren nirgends vor. Ashṭaka beruht wohl nur auf einem Versehen, prapâṭhaka ist jedenfalls nicht der eigentliche Name und wohl erst in jüngster Zeit aufgekommen (vgl. Weber, Literaturgesch.[2] 98 Note).

3) Der Kommentar ersetzt ohne weiteres *havya* durch *vihavya*.

4) Es sei hier notiert, dass im Kommentar zu Regel 60 der Abschnitt 4, 7, 1—11 als *camaka* bezeichnet wird. Der Ausdruck ist bisher, soweit ich sehe,

Soweit stimmt also die Einteilung der saṁhitâ, die den Verfassern von Prâtiçâkhya und Çikshâ vorlag, mit der unseres Textes überein. Allein die Einteilung geht bei dem letzteren noch weiter: jeder anuvâka wird, durchaus mechanisch, in kleine Abschnitte von je fünfzig Worten zerlegt, die den Namen kaṇḍikâ führen[1]. Am Schlusse einer solchen kaṇḍikâ ist in unsern Manuskripten der sandhi aufgehoben. Dass dies zur Zeit des Prâtiçâkhya noch nicht der Fall war, hat Whitney (S. 427) daraus gefolgert, dass z.B. in 3, 13 die Verkürzung von *uçmasî* „vibhâge", bei der Trennung, d. h. bei der Konstruktion des padapâṭha, vorgeschrieben wird; in unserm Texte findet sich an der betreffenden Stelle (1, 3, 6[1]) *uçmasi*, weil das Wort am Ende einer kaṇḍikâ steht. Einen zweiten Fall gewährt sûtra 9, 24, wo eine Operation vor *athâ* gelehrt wird, während wir heute dafür aus dem gleichen Grunde *atha* (3, 2, 11[2]) lesen[2]. Gegen Whitney hat Weber in seiner Ausgabe (Ind. Stud. 11, 29 Note) den Zweifel erhoben, ob sich nicht etwa vibhâge gerade auf die kaṇḍikâteilung beziehe. Die Frage wird durch die Çikshâ entschieden. Denn diese lehrt in Regel 102 ausdrücklich die Verlängerung für *uçmasi* vor *ya* im saṁhitâpâṭha; der Verfasser las also sicher noch *uçmasî gamadhye*[3]. Aber die Unterbrechung des Textes, wie sie heute vorliegt, ist noch viel jünger; weder das Tribhâshyaratna noch das Vedataijasa kennen sie. Nicht nur tut keins von beiden unter den eben besprochenen Regeln ihrer Erwähnung, obwohl dazu doch Grund genug vorhanden gewesen wäre, auch in ihren Citaten zeigen beide immer den sandhi. Beispiele aus dem Tribhâshyaratna sind *cañjase* (3, 3, 1[1-2]) in 10, 10, *vṛshṇiyâvatas tava* (3, 5, 6[2-3]) in 3, 5, *praghâta âdityânâm* (6, 1, 1[3-4]) in 7, 13, aus dem Vedataijasa *anyad vishurûpe* (4, 1, 11[2-3]) in 41, *indravanto vanâmahe* (1, 6, 4[2-3]) in 69, *bṛhaspate pari dîyâ rathena* (4, 6, 4[1-2]) in 93. Trotzdem steht es fest, dass die kaṇḍikâteilung beiden Kommentatoren bekannt war. Das Tri-

---

nur als *camakasûkta* bei Sâyaṇa zu Çatapathabrâhmaṇa 10, 1, 5[3] belegt und bezeichnet dort Vâjasaneyisaṁhitâ 18, 1—27, wo, wie in unserer Stelle, beständig die Worte *ca me* wiederholt werden.

1) Über das Einteilungsprincip im einzelnen s. Weber, Ind. Stud. 11, 13; 12, 90 und 13, 97 ff.

2) Weber, Ind. Stud. 13, 99 zählt hierher auch *diya* am Schlusse von 4, 6, 4[1], wofür nach Pr. 3, 12 *dîyâ* zu erwarten ist. Dieser Fall ist aber nicht beweiskräftig, da *dîyâ* noch einmal in 3, 1, 11[6] vorkommt.

3) Auch bei der Bildung des jaṭâpâṭha wird die kaṇḍikâteilung nicht beachtet. So lautet z. B. die jaṭâ von *bhavati* | *agre* (5, 2, 1[4-5]) nach dem Kommentar zu Ç. 61 *bhavaty agre 'gre bhavati bhavaty agre*.

bhâshyaratna führt unter 24, 6 mehrere der anuvâkaunterschriften an[1]), die bekanntlich die Schlussworte der einzelnen kaṇḍikâ's accentuiert und durch sandhi verbunden aufführen, und bringt eine derartige Stelle (6, 4, 10) sogar als Beispiel für das sûtra 8, 35. Das Vedataijasa hat dieselbe Stelle bei der entsprechenden Regel 155 und andere Unterschriften unter 166 und 196. Whitney scheint mir diesen scheinbaren Widerspruch richtig erklärt zu haben; er meint (S. 204), dass die Zerlegung in Abschnitte von fünfzig Worten zunächst gar nicht im Texte selbst, sondern nur durch die Aufzählung der Schlussworte am Ende der anuvâka's bezeichnet worden sei[2]). Es fragt sich nun, ob dem Prâtiçâkhya und der Çikshâ diese Art der Bezeichnung und damit wenigstens das Princip der kaṇḍikâteilung bekannt war. Die Antwort fällt für die beiden Werke verschieden aus. Beim Prâtiçâkhya liegt nichts vor, was die Annahme einer Kenntnis der Unterschriften rechtfertigen könnte. Berücksichtigt werden sie in den Regeln auf keinen Fall, wir müssten sonst eine ganze Reihe von Auslassungen rügen. Zu Pr. 10, 18 hätte die Ausnahme gefügt werden müssen, dass *mithunî* vor *ashṭau* sandhi eingeht, denn die Unterschrift von 6, 5, 8 schliesst: *mithuny ashṭau ca.* In 7, 5 hätte die Lingualisierung eines *n* nach *pra* in *anatidṛçnam* um der Unterschrift *âsâdya prânatidṛçnam* (2, 6, 5) willen verboten werden müssen, desgleichen in 6, 2 die Verwandlung von *s* in *sh* nach *mahi*, wenn *sapta* folgt, denn 4, 4, 12 lesen wir: *mahi saptadaçena.* Ferner hätte in 6, 14 unter den Wörtern, deren auslautendes *n* vor *t* in *s* übergeht, auch *asmin* aufgezählt werden müssen, da dieses in der Unterschrift von 4, 5, 10 (*asmi.s tanuvaḥ*) jene Verwandlung des *n* aufweist. Die Beispiele liessen sich leicht vermehren, da in den Unterschriften im allgemeinen

---

1) Whitney hat diesen Abschnitt mit Unrecht unter die Lesarten verwiesen. Wenn die südlichen Handschriften (G. M.) des Tribhâshyaratna, wie ich glaube, überhaupt schon den ursprünglicheren Text repräsentieren, so sind sie sicherlich dann vorzuziehen, wenn sie mit einer der Nâgari-Handschriften (in diesem Falle O.) übereinstimmen. Râjendralâla Mitra hat die Stelle ohne weitere Angaben aufgenommen.

2) Prof. Kielhorn macht mich darauf aufmerksam, daß ein ganz analoges Verfahren auch in Handschriften des Pâṇini beobachtet wird. Der Text eines pâda wird in Abschnitte von zwanzig sûtra's zerlegt; am Ende eines jeden pâda werden die Anfangsworte dieser Abschnitte und die Zahl der letzten überschüssigen sûtra's angegeben. So lesen wir am Schlusse von 1, 1: *vṛddhir* (1) *âdyantavad* (21) *avyayibhâvaḥ* (41) *pratyayasya luk* (61) *pañcadaça*; am Schlusse von 1, 2: *gâṅkuṭâdy* (1) *udupadhâd* (21) *apṛktaç* (41) *chandasi punarvasvos* (61) *trayodaça.*

die gewöhnlichen sandhiregeln, nicht die des Prâtiçâkhya beobachtet werden[1]). Somit ist der Kommentator auch nicht berechtigt, das sûtra 8, 35 auf eine in den Unterschriften enthaltene Stelle zu beziehen; die Regel geht vielmehr auf den jaṭâpâṭha und ist, wie wir oben gesehen haben, interpoliert. Was die Çikshâ betrifft, so vermissen wir allerdings auch in ihr specielle Regeln für die genannten Fälle, allein sie lehrt in 196, dass in einem andern Werke und „in dem nicht von den ṛshi's stammenden Texte" die Vorschriften des Lehrbuchs nur fakultative Gültigkeit hätten:

grantântare 'py anârshe yadṛcchayâ vartate tv iti.

Nach dem Kommentar sind unter dem *anârsha* nun gerade die Unterschriften[2]) zu verstehn, und damit stimmt die Erklärung eines zum Teil wörtlich gleichen çloka am Schlusse des Tribhâshyaratna überein[3]). Wir haben keinen Grund, die Richtigkeit dieser Erklärungen zu bezweifeln, und müssen also die Unterschriften als zur Zeit der Çikshâ schon vorhanden anerkennen.

Die ganze Sache ist deshalb von Interesse, weil wir einerseits daraus ersehen, dass noch in verhältnismässig sehr junger Zeit ein vedischer Text eine nicht unerhebliche Umgestaltung seiner äussern Form erfuhr, und andererseits uns dadurch, wie wir später sehen werden, eine Handhabe für die Bestimmung der Zeit der Çikshâ gewährt wird.

Der zweite Punkt betrifft nur eine Kleinigkeit. Es ist bekannt, dass in allen unsern Handschriften das letzte Wort des Textes fehlt[4]). Das Tribhâshyaratna unter 18, 1 und ebenso das Vedataijasa zu 341 führen den Schluss aber vollständig an (*samudro bandhuḥ*), mithin kann auch zur Zeit des Prâtiçâkhya und der Çikshâ diese eigentümliche Verstümmelung noch nicht eingetreten gewesen sein.

---

1) Dies ist aber nicht überall der Fall, wie Weber, Ind. Stud. 13, 99 meint. Der Kommentar zu Pr. 24, 6, auf den er sich beruft, besagt nur, ebenso wie Ç. 196, dass die Regeln des Lehrbuchs für die Unterschriften beliebig Geltung haben. Er führt ja selbst als Beispiele Unterschriften an, in denen der sandhi nach den Vorschriften des Prâtiçâkhya behandelt ist.

2) Er nennt sie *padasaṁkhyâdisûtra* und versteht darunter, wie aus dem *âdi* hervorgeht, auch die Zusammenstellungen der anuvâkaanfänge und der Anfänge der kaṇḍikâdekaden am Schlusse der praçna's. Aus den letzteren führt er ein Beispiel (*pûrṇâ sahajâ.s taráṅne* 3, 5, 11) an. Diese sind jedenfalls gleichzeitig mit den Aufzählungen der kaṇḍikâ's entstanden.

3) Für *anârsha* findet sich hier *paurusheya*. Der çloka ist übrigens auch bei Râjendralâla Mitra noch nicht richtig hergestellt.

4) Vgl. Weber, Ind. Stud. 12, 339 Note; 13, 97. Whitney, Prât. S. 354. 355.

Alles, was sich sonst noch an Abweichungen des Textes unserer Handschriften von dem von Prâtiçâkhya und Çikshâ vorausgesetzten findet, sind kleine Verschiedenheiten in der Behandlung des sandhi von Lauten und Accenten[1]). Dabei muss aber auf einen Umstand aufmerksam gemacht werden: alle die im folgenden gemachten Angaben über handschriftliche Schreibungen beruhen auf den in der Calcuttaer und der Weberschen Ausgabe benutzten Nâgarîhandschriften, die wohl sämtlich aus dem Norden Indiens stammen. Nun spricht aber manches dafür, dass selbst vor dem elften Jahrhundert, seit dem für längere Zeit überhaupt der Schwerpunkt brahmanischen Lebens in den Dekhan fällt[2]), die Schule der Taittirîya's im Süden Indiens blühte. Ich erinnere nur daran, dass uns von dem letzten Buche des Âraṇyaka die Recensionen dreier Schulen bekannt sind, die alle den Namen südlicher Volksstämme tragen: die der Ândhra und der Draviḍa ist uns erhalten und Sâyaṇa erwähnt ausserdem in seiner Einleitung (S. 753 der Ausgabe) die der Karṇâṭaka. Bhavabhûti rühmt sich in den Prologen zum Mahâvîracarita und zum Mâlatîmâdhava, einer angesehenen, dem Taittirîyaveda anhängenden und ihren Ursprung auf Kaçyapa zurückführenden Brahmanenfamilie entsprossen zu sein, die zu Padmapura im Dakshiṇâpatha wohne. Auch die zahlreichen Çikshâ's der Taittirîya's, die wohl ohne Ausnahme im Dekhan entstanden sind, zeigen, wenn sie auch vielleicht einer etwas jüngeren Zeit angehören, wie weit verbreitet diese Schule daselbst war. Es stehn daher die Handschriften in südindischen Charakteren durchaus nicht an Wert hinter den Nâgarîhandschrif-

1) Whitney hat sie grösstenteils S. 427 ff. zusammengestellt. Er ist der Ansicht, dass wir bei den meisten der im folgenden genannten Fälle von vornherein Verschiedenheit zwischen Theorie und Praxis erwarten müssen. Ich sehe aber durchaus keinen Grund dafür ein und kann Whitney's Meinung nur in soweit teilen, als es sich um die Erscheinungen des sogenannten varṇakrama, d. h. die Verdopplungen, Aspirationen u. s. w. handelt. Bei diesen ist allerdings eine völlige Übereinstimmung zwischen Lehre und Schrift fast unmöglich; manche der beim Sprechen hervortretenden Einschublaute wie die yama's, die svarabhakti u. a. lassen sich ja überhaupt nicht oder nur unvollkommen darstellen. In *dhûrushadam* T. Br. 1, 2, 1 [12] (vgl. auch das *dhûrushâhau* einer Handschrift in saṁh. 1, 2, 8[2] und das inschriftlich belegte *aruhati* für *arhati* Ep. Ind. III, 143) ist z. B. *u* zur Bezeichnung der svarabhakti verwendet, obwohl gerade vor der Aussprache derselben als *u* überall gewarnt wird (vgl. Sarvasaṁmataçikshâ 25 und die dort von Franke aus andern Çikshâ's angeführten Stellen). Ganz zwecklos, wie Roth Z. D. M. G. 48, 114 meint, ist also dieser Einschub doch nicht.

2) S. Weber, Literaturgesch.[2] 301 und die dort aus der Literatur angeführten Stellen.

ten zurück und kommen für unsere Frage so gut wie diese in Betracht.

Leider ist das mir zugängliche Material an südindischen Handschriften viel zu gering, um in allen Fällen die dort herrschende Schreibweise angeben zu können; vor allem mangelt es mir an einer Handschrift der saṁhitâ. Ich kann mich nur auf die Citate stützen, die sich in den Granthahandschriften der Çikshâ und in den Handschriften G. und M. des Tribhâshyaratna finden [1]); von den letzteren geht die eine auf eine Grantha-, die andere auf eine Malayâlamhandschrift zurück. Schon auf Grund dieser lässt sich aber, wie ich glaube, mit Sicherheit behaupten, dass die Grantha- und Malayâlamhandschriften sich wenigstens in zwei Punkten von den Nâgarîhandschriften unterscheiden und mit der überlieferten Lehre übereinstimmen: in der durchgängigen Schreibung des Zischlauts statt des visarga vor *ç*, *sh*, *s* nach Pr. 9, 2 Ç. 157 und des Klassennasals statt des anusvâra vor einem sparça nach Pr. 5, 27 Ç. 122 [2]). Wir dürfen hierin meiner Ansicht nach unbedenklich die ältere und der Aussprache gemässe Schreibung sehen, die in den Nâgarîhandschriften zu Gunsten der allgemein üblichen aufgegeben ist [3]). Ebenso ist sicherlich auch die Schreibung des anusvâra und des visarga statt der von Prâtiçâkhya (5, 28. 9, 2) und Çikshâ (122. 158) verlangten nasalen Halbvokale, jihvâmûlîya und upadhmânîya zu erklären. Hier entfernen sich auch die Granthahandschriften nicht von dem gewöhnlichen Gebrauche, doch will ich bemerken, dass in G. und M. nach Whitney (S. 149) gewöhnlich für *ṁy* die Verbindung *yy* vorkommt, in der das erste *y* offenbar der Rest eines mit dem anusvâra versehenen *y* ist.

Noch in einem andern Falle ist die Schreibung der Granthahandschriften wenigstens genauer als die der Nâgarîhandschriften, wenn ich auch nicht zu behaupten wage, dass sie in den letzteren

1) Die Nandinâgarîhandschrift weicht von den Nâgarîhandschriften nicht ab, wie denn auch die Schrift aus der Nâgarîschrift erwachsen ist.

2) In dem letzteren Falle bemerkt Whitney über die Schreibung von G. und M. nichts. Ich zweifle aber nicht, dass sie, wenigstens in G., entweder ebenfalls herrscht oder erst von dem Abschreiber beseitigt ist, wie dies auch die Schreiber der Çikshâhandschriften D. und E. vielfach getan. Übrigens bemerke ich, dass vor Gutturalen überall der anusvâra geschrieben wird, da hier die Ligatur zu schwierig ist, und dass die angegebenen Schreibungen auch im nichtvedischen Texte angewendet werden.

3) Doch giebt Whitney in der Note zu 9, 2 an, dass seine Handschrift in etwa dreissig Fällen den Zischlaut gewahrt habe.

ursprünglich auch vorhanden war und erst im Laufe der Zeit verdrängt wurde. In den Granthahandschriften wird nämlich für *çn* beständig *çñ* geschrieben. Demnach wäre nach dem palatalen Zischlaute nicht der dentale, sondern der palatale Nasal gesprochen, was sich phonetisch sehr gut erklären liesse und überdies noch durch die Çikshâ bestätigt wird, die in 248 den Übergang eines *n* hinter *ç* in *ñ* für den Bereich des ganzen Taittirîyaveda, mit Ausnahme des Kâṭhaka [1]), vorschreibt. Das Prâtiçâkhya erwähnt diesen Lautwandel nicht; es war dessen aber auch überhoben, da er nur im Wortinlaut stattfinden kann. Die Nâgarîhandschriften schreiben bekanntlich immer den Dental; dass man aber auch in den Gegenden, aus denen sie stammen, den Palatal sprach, darauf weist die Schreibung *çnyaptre* für *çnaptre* hin, die sich an einer Stelle, 1, 2, 13³, vorfindet. Das *ny* ist hier offenbar nur ein unvollkommener Versuch, die palatale Aussprache zu fixieren [2]). Vielleicht war also dies die ursprüngliche Schreibweise, die an den übrigen Stellen später wieder beseitigt wurde [3]).

In den meisten Fällen herrscht in den Handschriften in Bezug auf die abweichenden Schreibungen Schwanken. So finden wir gelegentlich Erhaltung eines *n* vor Palatalen gegen Pr. 5, 24 Ç. 120, eines *n* vor *l* gegen Pr. 5, 25 Ç. 121, eines *ç* nach *p* gegen Pr. 5, 34 Ç. 119 und Auslassung eines *k* zwischen *ṅ* und *s* oder *sh*, eines *t* zwischen *n* und *s* gegen Pr. 5, 32. 33 Ç. 108. Hier zeigt überall schon die Inkonsequenz, dass wir es nicht mit tiefer begründeten Unterschieden, sondern lediglich mit Ungenauigkeiten zu tun haben, die grösstenteils, da sie als Schreibfehler kaum zu erklären sind, wohl auf Verhören beim Diktieren des Textes beruhen werden [4]). Nur das nach Pr. 5, 33 Ç. 108 zwischen *ṭ* und *s* einzuschiebende *t* scheinen die Handschriften nie zu schreiben; da aber dieser Einschub dem des *k* zwischen *ṅ* und *s* oder *sh* und dem des *t* zwischen *n* und *s* durchaus parallel geht, so ist auch wohl für das Fehlen desselben die gleiche Erklärung zulässig wie für das Fehlen jener.

---

1) Eine sichere Erklärung dafür vermag ich nicht zu geben. Das Kâṭhaka zeigt auch in dem Fehlen der im Taittirîyaveda im allgemeinen üblichen Zerdehnung der Halbvokale eine Besonderheit (vgl. Weber, Ind. Stud. 1, 73; Bhâradvâjaçikshâ r. 9).

2) Vgl. Weber, Ind. Stud. 13, 107.

3) Die padahandschrift D. liest nach Weber auch in 1, 2, 13³ *çnaptre*. Pâṇini (8, 4, 44) verbietet die Palatalisierung des *n* nach *ç*.

4) Vgl. Böhtlingk, Sanskritwörterbuch in kürzerer Fassung 4 S. III.

Wir haben bisher nur solche Fälle betrachtet, in denen Regeln des Prâtiçâkhya und der Çikshâ in den Handschriften nicht beachtet waren; nun scheint andererseits aber auch in diesen ein Lautgesetz zu gelten, von dem die Lehrbücher nichts wissen. Überaus häufig wird nämlich vor folgendem Konsonanten eine Doppelkonsonanz und die Verbindung eines nicht aspirierten sparça mit einem aspirierten durch den Abfall des ersten Elementes vereinfacht. Es ist das eine Erscheinung, die in allen vedischen Handschriften beobachtet wird. Benfey glaubte, dass diese verkürzte Schreibweise auf der ursprünglichen Aussprache beruhe und daher, wenigstens in den Veden, durchweg herzustellen sei[1]). Im Anschluss an Benfey hat neuerdings Roth in einem Aufsatze über die Rechtschreibung im Veda[2]) die gleiche Forderung aufgestellt. Ich kann diese Ansicht nicht teilen, obwohl sie von zwei so bedeutenden Kennern des Veda verfochten wird, da sie im völligen Widerspruch mit der Tradition steht. Nirgends, weder in den Prâtiçâkhya's und Çikshâ's noch in der grammatischen Literatur, wird, soviel ich weiss, etwas derartiges gelehrt. Das würde ja nun, soweit es sie um die Prâtiçâkhya's und Werke wie die Vyâsaçikshâ handelt, nicht weiter auffallen, wenn die Vereinfachung nur im Wortinlaut einträte; der ganze Vorgang würde dann, weil er auch im padapâṭha vorkäme, ausserhalb der Sphäre dieser Werke liegen. Da er aber auch beim Zusammentreffen der Wörter in der saṁhitâ bei der Bildung des saṁhitâpâṭha aus dem padapâṭha stattfindet[3]), so müssten sich hier sämtliche Prâtiçâkhya's und die Vyâsaçikshâ einer Nachlässigkeit schuldig gemacht haben, die bei der Genauigkeit, mit der sie sonst jede in der saṁhitâ eintretende Lautveränderung vermerken, völlig unerklärlich wäre. Dazu kommt, dass die Aussprache einer Doppelkonsonanz vor einem andern Konsonanten nach den ältesten Zeugnissen, die wir haben, dem Inder durchaus keine Schwierigkeiten bereitete: überall wird ja gerade die Verdopplung eines einfachen im Anlaut einer Gruppe stehnden Konsonanten gelehrt[4]). Wir haben daher in der verkürzten Schreib-

---

1) Die Hymnen des Sâmaveda, Einleitung S. XLVI ff.

2) Z. D. M. G. 48, 101 ff.

3) Beispiele aus der Taittirîyasaṁhitâ sind: *trishṭug graishmî* (4, 3, 2^{1}), *tasmât tryaham* (5, 5, 2^{6}), *yad dvitîyam* (5, 5, 4^{1}), *asṛd drâbhyâm* (7, 4, 9^{1}), *aṅgirasvad dhruvâ* (5, 5, 2^{4}), *yan nyañcam* (5, 5, 3^{2}), *san ny adadhata* (5, 5, 3^{8}), *anushṭup prâṇânâm* (5, 3, 8^{2}).

4) Nur Çâkalya lehnte nach Pâṇini's Zeugnis (8, 4, 51) die Verdopplung ab; vgl. die Ausführungen M. Müller's dazu, Rigvedaprât. Einleitung S. 12 ff.

weise nichts weiter als eine Schreibereigentümlichkeit zu sehen, die zum Teil auf Bequemlichkeit, zum Teil auf Missverständnissen beruhen wird. Bekanntlich ist in vielen Handschriften auch die Verdopplung des ersten Konsonanten einer Gruppe mit grösserer oder geringerer Sorgfalt durchgeführt. Nun stiessen Schreiber, die nicht diese vollere, sondern die gewöhnliche Schreibweise anwandten, auf Doppelkonsonanten, die etymologisch berechtigt waren; Verständnis für das, was sie schrieben, hatten sie wohl nur in den seltensten Fällen oder wenigstens kümmerten sie sich nicht um den Sinn; sie liessen daher ganz mechanisch auch hier die Vereinfachung eintreten, und allmählich bürgerte sich diese Schreibung immer mehr ein.

Gegen meine Erklärung scheint nur ein gewichtiger Umstand zu sprechen: Roth hat gezeigt, dass die Schreibung uralt sei und auf der Aussprache basiere, da sie dem Verfasser des padapâṭha des Atharvan bekannt gewesen sei. Er sagt: „Wie alt und wie tief wurzelnd jene (überlieferte Schreibung) ist, das möge man daraus entnehmen, dass der padapâṭha des Atharvan das Wort *hṛdyota* — oder wie man grammatisch schreiben soll *hṛddyota* — in *hṛ* und *dyota* zerlegt, während dem Verfasser des pâṭha, unter welchem wir doch einen in der Schule angesehenen Mann uns denken müssen, wenn seine Arbeit in der Folge normativ werden konnte, Unbekanntschaft mit der wirklichen Zusammensetzung des Wortes billigerweise nicht zugeschrieben werden kann. Er hat *hṛdyota* gesprochen und hat es geschrieben vor sich gehabt, und dagegen wollte er nicht verstossen. Was ihm vorgeworfen werden muss, ist, dass er dadurch einen falschen Schein erweckt. Noch anstössiger erscheint, dass er in 4, 19, 6 *tadyâm eti* in *tat yâm* auflöst, statt, wie auf der Hand liegt, in *dyâm* „das geht zum Himmel“. Das hat der padamacher sicher auch verstanden, ist aber auch hier bei seinem Buchstaben geblieben“. Roths Schlüsse gehn hier viel zu weit. Dass dem Verfasser des padapâṭha *hṛdyota* und *tadyâm* vorlag und er demgemäss sprach, ist kaum zu bezweifeln. Gesetzt aber, er sprach wirklich nirgends eine Doppelkonsonanz vor folgendem Konsonanten und nahm bei der Zerlegung des Textes nur auf diese Aussprache, nicht auf die grammatische Bildung der Formen Rücksicht, so muss es zunächst doch auffallen, dass er dabei ganz willkürlich verfuhr und den aus der Doppelkonsonanz vereinfachten Laut bald dem ersten (*tad*), bald dem zweiten Worte (*dyota*) zuteilte. Zum mindesten müsste man aber doch ein konsequentes Festhalten an seinem Principe erwarten. Nun stehn aber die genannten beiden Fälle ganz allein da [1]); überall ist sonst der Aus- und Anlaut der Wörter intakt erhalten. Als Belege mögen die Stellen dienen: *abharaj jyotishe* 6, 61, 1; *viçvajit trâyamâṇâyai* 6, 107, 1; *yat tvaci* 1, 23, 4; *kshetriyât tvâ* 2, 10, 1; *jâmiçaṁsâd druhaḥ* 2, 10, 1—8; *viçvajid dvipât* 6, 107, 2; *bhadrân nyagrodhât* 5, 5, 5; *adîdharad dhruvam* 6, 87, 3. Es sind daher *hṛdyota* und *tadyâm* meines Erachtens nichts weiter als alte Fehler, wie sie Roth ja auch sonst in den vedischen Texten so überzeugend nachgewiesen hat. Der padamacher wagte es entweder nicht, den Text zu verbessern, oder er verstand den Sinn nicht. Das wird dem Ansehen seines Werkes keinen Abbruch getan haben; geniesst doch auch Sâyaṇa noch bis auf den heutigen Tag die grösste Autorität, obwohl doch nichts leichter ist, als ihm Schnitzer der gröbsten Art nachzuweisen [2]).

---

1) Da mir kein Text des padapâṭha zur Verfügung steht, so muss ich mich auf die Angaben Whitney's in seinem Index verborum verlassen. Er vermerkt, soweit ich gesehen, nur bei hṛdyota und dyâm eine Abweichung des padapâṭha, jedenfalls nicht bei den im folgenden genannten Wörtern.

2) Benfey und Roth sehen auch die Schreibungen *nt*, (*ṁt*), *ndh*, (*ṁdh*), *ṅt* und *ṅdh* für *ntt*, *nddh*, *ṅkt* und *ṅgdh* als ursprünglich an. In betreff der ersten beiden Verbindungen mag diese Ansicht richtig sein. Nach dem vârttika zu Pâṇ. 8, 4, 65 ist der Wegfall des mittleren Verschlusslautes in diesen Fällen erlaubt, — Patañjali führt als Beispiele *çiṇḍhi*, *piṇḍhi* für *çiṇḍḍhi*, *piṇḍḍhi* an — und in Ath. Pr. 2, 20 wird geradezu vorgeschrieben, dass nach einem nasalen sparça ein nicht-nasaler ausgestossen wird, wenn ein nicht-nasaler sparça folgt. Allerdings ist diese Regel nicht zweifellos echt; ihr Vorkommen an ganz ungehörigem Orte (s. Whitney's Note) macht sie als späteren Einschub verdächtig. Weniger sicher scheint mir die Annahme zu sein, dass der Ausfall des gutturalen Verschlusslautes zwischen einem *ṅ* und einem *t* oder *dh* der älteren Sprache angehöre. Zu ihren Gunsten lässt sich nur die angeführte Regel des Atharva-Prâtiçâkhya geltend machen; Kâtyâyana erwähnt a. a. O., obwohl die Gelegenheit dazu doch nahe genug lag, diesen Fall nicht. Den wahren Sachverhalt scheint mir die Vyâsaçikshâ aufzuklären. Sie lehrt in 250 den Einschub eines *k* und *g* zwischen inlautendem *ṅ* und *t* bezugsweise *dh*, eine Vorschrift, die in der Sarvasammataçikshâ und im Çikshâsamuccaya wiederkehrt. Als Beispiele führt der Kommentar die Formen *çiṅkte* und *parivṛṅgdhi* an. Was beweist die Regel? Einerseits dass *çiṅte*, *parivṛṅdhi* geschrieben, andererseits, dass *çiṅkte*, *parivṛṅgdhi* gesprochen wurde. Nun bedeutet aber die Schreibung ohne das *k* und das *g* graphisch keine Erleichterung; auch sie kann also nicht aus blosser Bequemlichkeit beim Schreiben entstanden sein, sondern muss auf der Aussprache beruhen. Will man nun nicht annehmen, dass die Einfügung des *k* und des *g* aus grammatischer Spekulation erfolgt sei, was bei der bekannten Unwissenheit der Vedapâṭhaka's gerade in Bezug auf die Grammatik (s. unten), höchst unwahrscheinlich ist, so muss man die Aussprache mit dem Verschlusslaute als die ältere ansehen, die sich in der ordnungsmässigen Recitation erhielt, die vereinfachte als die jüngere, die sich

In einigen Punkten stimmt die Çikshâ genauer zu dem heutigen Texte als das Prâtiçâkhya[1]). Das letztere schreibt in 9, 1 den Abfall des visarga vor einer mit Zischlaut beginnenden Konsonantengruppe nur unter der Bedingung vor, dass der dem Zischlaut folgende Konsonant tonlos ist. Die Çiksharegel 156 entbehrt dieser Einschränkung, und die Handschriften nehmen ebenfalls bei der Behandlung des visarga auf den zweiten Konsonanten der Gruppe keine Rücksicht; in den südlichen fehlt er überall regelmässig, auch im nichtvedischen Texte, in den Nâgarîhandschriften wenigstens so häufig, dass man die Abweichungen als Ungenauigkeiten betrachten muss[2]). Verschiedenheit herrscht ferner in der Behandlung eines *v*, wenn ein *a*-Vokal vorausgeht, und des kampa. Nach der Çikshâ und den Handschriften bleibt das *v* bestehn[3]), das Prâtiçâkhya lehrt aber in 10, 19 seinen Abfall. Was den kampa betrifft, so erkennt ihn das Prâtiçâkhya nicht selber an, sondern erwähnt seiner in 19, 3 und 4 nur als einer Eigentümlichkeit „einiger"[4]). Die Çikshâ beschreibt ihn ausführlich in 210 und den

---

in der gewöhnlichen Rede herausbildete. Auf den gleichen Unterschied in der Aussprache führt das sûtra 6, 30 des Vâjasaneyi-Prâtiçâkhya (vgl. Webers Bemerkungen); für die Zeit des Prâtiçâkhya beweist es indessen nichts, da der Abschnitt 6, 25—30 ein späterer Nachtrag ist. Übrigens bemerke ich, dass der Unterschied nur sehr geringfügig ist und lediglich auf eine mehr oder minder starke Markierung des *k* und des *g* hinausläuft, da beim Sprechen der Verbindungen *ṅt* und *ṅdh* der Einschub eines schwachen gutturalen Verschlusslautes ganz unvermeidlich ist (ähnlich Benfey a. a. O. S. XLVIII). Zwingende Gründe für die Einführung der Schreibungen *ṅt* und *ṅdh* liegen jedenfalls meiner Ansicht nach nicht vor, zumal daneben *ṅkt* und *ṅgdh* wohl ebenso häufig vorkommen.

1) Auf den Unterschied in der Anerkennung von Nasalvokalen oder anusvâra (Whitney S. 427) gehe ich hier nicht ein, da das Prâtiçâkhya schwankt. Die Çikshâ lehrt überall den anusvâra. Auch die Frage, ob in der dem Prâtiçâkhya vorliegenden saṁhitâ ein auslautendes pluta-*a* nasaliert wurde, ist nicht mit Sicherheit zu entscheiden (Whitney S. 428). Die Çikshâ lehrt die Nasalität in 302—304 und die Handschriften haben den anusvâra.

2) Whitney bemerkt über die Schreibung der Handschriften nichts; Weber sagt (Vorwort S. X): „finaler visarga steht oder fehlt vor Gruppen, die mit von einer tenuis gefolgtem *s* anlauten". Die Göttinger Nâgarîhandschrift (Sanskr. 1) zeigt indessen denselben Wechsel überall; so findet sich z. B. in 7, 3, 16 vor *svâhâ* in elf Fällen Schwund, in sechs Erhaltung des visarga.

3) Nach Ç. 167 schwindet nur ein substituiertes *y* nach einem *a*-Vokal.

4) Wenigstens ist es sicher, dass 19, 3 und 4 von der Erscheinung des kampa handeln. Die Einzelheiten jener Regeln sind mir aber ganz unklar; weder des Kommentars Erklärung noch die Whitney's befriedigen mich. Die letztere verliert vor allem dadurch, dass yama durch Ç. 208 wirklich als synonym von svarita erwiesen wird.

folgenden Regeln und lehrt ausserdem in 211 die Dehnung einer kurzen kampasilbe. In den Handschriften findet sich sowohl die Dehnung als auch die deutliche Markierung durch Hinzufügung einer Ziffer [1]).

Wir sehen also, dass in der Tat in drei Punkten die Regeln des Prâtiçâkhya mit unserem Texte nicht in Einklang stehn, während die der Çikshâ nirgends eine wirkliche Verschiedenheit erkennen lassen. Müssen wir nun daraus schliessen, dass das Prâtiçâkhya nicht direkt aus der Schule der Taittirîya's hervorging [2])? Whitney neigt dieser Ansicht zu. Er sieht den Hauptbeweis dafür in den Regeln 23, 15 und 16, in denen die Taittirîya's als Anhänger einer Lehre genannt werden; es sei nicht zu erwarten, dass das Textbuch einer Schule eben diese Schule nenne; ausserdem würden die Taittirîya's als Verfechter einer Ansicht bezeichnet, die nicht die des Werkes selbst sei. Zunächst ist hiergegen einzuwenden, dass die beiden Regeln nach Whitney's eigener Meinung aus zwei Gründen unecht sind: weil sie metrisch abgefasst sind und weil sie überdies dem Abschnitt 22—24 angehören, der als Nachtrag anzusehen ist. Sie können daher auch für das ursprüngliche Prâtiçâkhya nichts beweisen. Ferner kann ich aber auch keinen Widerspruch zwischen der angeführten Lehre der Taittirîya's und der des Prâtiçâkhya selbst erkennen. In 23, 12 werden die sieben Töne aufgezählt: krushṭa, prathama, dvitîya, tṛtîya, caturtha, mandra, atisvârya. 23, 14 und 15 geben nun an, dass von diesen bei den Âhvâraka's die Nummern 3, 2, 1, bei den Taittirîya's die Nummern 6, 5, 4, 3 in Gebrauch seien. 23, 16 lehrt dann die Reihenfolge der letzteren bei den Taittirîya's. Endlich schliesst aber die Erwähnung einer Schule doch nicht aus, dass

---

1) Weber erwähnt allerdings, soweit ich gesehen, die Bezeichnung nur an einer einzigen Stelle, in 6, 3, 4² *pitṛdevatyà*1 · *hy ètát*, wo fälschlich pluti angenommen wird. Aber sowohl Whitney's (S. 362) und Haug's Handschriften (Über Wesen und Werth des wedischen Accents S. 24 ff.), als auch die Göttinger Handschrift weisen die Ziffer auf, und zwar entweder eine 1 oder eine 3, seltener eine 2. Das erste ist in der Göttinger Handschrift, das letzte in den von mir benutzten Handschriften des Vedataijasa die Regel. Die Calcuttaer Ausgabe ist ungenau, indem sie bald die Ziffer hat, bald nicht.

2) Es liegt der Gedanke nahe, dass unser Text speciell in der Schule des Sâṁkṛtya entstanden sei. Die Erhaltung des auslautenden *v* ist seine Lehre; seine Ansicht über die Behandlung des visarga vor Zischlaut, dem ein Konsonant folgt, erfahren wir nicht und unter die »eke«, die den kampa anerkennen, könnte ja auch er gehören. Allein er lehrte nach 8, 21 die Verwandlung von *eshṭah* vor *r* in *eshṭo* und sprach nach 16, 16 in Formen wie *havi͜shi*, *yajû͜shi* vor dem anusvâra einen kurzen Vokal; beides steht mit den Handschriften im Widerspruch.

der Verfasser des Werkes dieser Schule angehöre. Auch die Çikshâ lehrt ja z. B., wie erwähnt, dass „im Texte der Taittirîya's" ein *n* nach *ç* in *ñ* verwandelt werde: *çât Taittirîyake nasya ño bhavet* (248). Die Annahme, dass diese Regel auf eine andere Schule Bezug nehme, ist schon dadurch ausgeschlossen, dass die Çikshâ überhaupt keine fremden Schulen berücksichtigt. Ausserdem aber ist im Prâtiçâkhya die Anführung der Taittirîya's durch den Gegensatz zu den Âhvâraka's bedingt.

Die Hauptstütze für die Auffassung, dass das Prâtiçâkhya und unser saṁhitâtext Werke verschiedener Schulen seien, fällt somit in sich zusammen, und ich kann diese Ansicht daher nicht für richtig halten. Die wenigen Unterschiede erklären sich vielmehr aus der Tatsache, die durch das Prâtiçâkhya selbst doch zur Genüge bewiesen wird, dass zur Zeit seiner Abfassung in Bezug auf Fragen des sandhi und der Recitation innerhalb der Schule der einzelne âcârya noch eine grössere Selbständigkeit hatte. Erst allmählich drang die eine oder die andere Ansicht durch und ward kanonisch; diesen Zustand des Textes zeigen unsere Handschriften und die Çikshâ.

Wenden wir uns nunmehr dazu, das Verhältnis der Çikshâ zum Prâtiçâkhya im einzelnen zu untersuchen [1]). Zwei Punkte, in denen die Çikshâ in principiellem Gegensatze zum Prâtiçâkhya steht, sind schon im vorhergehnden zur Sprache gekommen: die Verzichtleistung auf die Anführung von Autoritäten und fremden Lehren und die Berücksichtigung der sekundären Textarten. Dazu kommt ein dritter, die Hineinziehung des Brâhmaṇa und des Âraṇyaka in den Bereich der Regeln. Das Prâtiçâkhya stellt Regeln nur für die Taittirîyasaṁhitâ auf; die wenigen Beispiele, die das Tribhâshyaratna aus dem Brâhmaṇa und Âraṇyaka anführt [2]), finden in den betreffenden Regeln keine Begründung. Für die Çikshâ aber bilden saṁhitâ, Brâhmaṇa und Âraṇyaka ein fest zusammengehöriges Ganzes. Angaben über die Recitation von Br. 3, 6, 2 und 3, 6, 13 enthält Regel 339. Unter den mit einem pluta-

1) Es braucht wohl kaum bemerkt zu werden, dass bei der im folgenden angestellten Vergleichung nicht die ursprüngliche Form des Prâtiçâkhya, soweit wir sie überhaupt herstellen können, zu Grunde gelegt ist, sondern der Text in der Gestalt, in der er dem Çikshâverfasser vorgelegen zu haben scheint. Es kommt hier natürlich nur darauf an, zu erkennen, wie der Verfasser seine Vorlage umgestaltet hat.

2) Zusammengestellt von Whitney S. 425 ff.

vokale versehenen Wörtern, die in 306 und 307 aufgezählt werden, gehören eine Anzahl nur dem Brâhmaṇa an. Vorschriften, die speciell für das Kâṭhaka, also Br. 3, 10—12 und Â. 1. 2 gelten, werden in 247 und 305[1]) gemacht. In 248 wird das Eintreten einer Regel für das Kâṭhaka verboten. Für bestimmte Abschnitte des Âraṇyaka werden eine ganze Reihe von Regeln gegeben: für die anuvâka's 2, 4—6 in 214 und 234[2]); 9, 10 in 214, 234 und 308; 10, 68 (Ândhraçâkhâ, Drâviḍaç. 29) in 336 und für die praçna's 2 und 10 in 339. Von der letzteren Regel werden ebenda die anuvâka's 10, 16 (Ândhraç.) und 10, 72 (Ândhraç.) ausgenommen. 339 erteilt ferner eine Vorschrift für den pitṛpraçna[3]); es kann damit nur praçna 6 des Âraṇyaka gemeint sein, was durch das Beispiel des Kommentars: *prayatâbhir aktâ | âsîdatâm* (6, 5, 1), bestätigt wird. Einzelne Wörter aus dem Âraṇyaka sind in den Regeln 170, 225, 226, 304, 306, 307 berücksichtigt. Nur die im Brâhmaṇa und Âraṇyaka vorkommenden Unregelmässigkeiten im sandhi von Lauten werden auch in der Çikshâ nicht einzeln aufgeführt, sondern durch die allgemeine Angabe in 196 erledigt, dass „in einem andern Werke" (*granthântare*) die Regeln der Çikshâ beliebig Anwendung fänden[4]).

Die Frage, ob das Brâhmaṇa und das Âraṇyaka dem Verfasser in der heutigen Gestalt vorlagen, werden wir wohl ebenso wie bei der saṁhitâ bejahen dürfen, wenn auch die Antwort, da das

1) Hier steht *Kaṭha* für *Kâṭhaka*.

2) Es wird hier die Fingerbezeichnung des udâttakampa gelehrt, der nach 214 nur Â. 2, 4—6 und 9, 10 vorkommt.

3) Der Kommentar setzt dafür *pitṛmedha* ein. Was den Ausdruck *praçna* betrifft, für den die Ausgaben des Brâhmaṇa und des Âraṇyaka *prapâṭhaka* haben, so verweise ich auf S. 47 Note 2.

4) Nach dem Vedataijasa scheint es allerdings zunächst so, als ob das sûtra 8, 23 mit Rücksicht auf eine Brâhmaṇastelle in der Çikshâ umgestaltet sei. Im Prâtiçâkhya wird nämlich die Verwandlung eines visarga in *s* nur nach kurzem *a* (*akâra*), in der Çikshâregel 150 dagegen nach jedem *a*-Vokal (*avarṇa*) vorgeschrieben, eine Bestimmung, die auch in den folgenden Regeln fortgilt. Die saṁhitâ giebt keinen Grund zu dieser Änderung; unter Regel 153 (Pr. 8, 27), die unter anderm den Übergang des visarga in *s* vor *patiḥ* lehrt, führt aber das Vedataijasa als Beispiel die Stelle *narâça*‿*so gnâspatir no avyât* an, die sich Br. 2, 8, 6[3] findet. Allein der Çikshâverfasser wird an diese Stelle gar nicht gedacht haben; die Erweiterung von sûtra 8, 23 ist sicherlich nur mit Rücksicht auf die jaṭâstelle, die das Vedataijasa giebt (*patiḥ pṛthivyâḥ pṛthivyâs patiḥ patiḥ pṛthivyâḥ*), erfolgt (s. die Nachträge). Übrigens führt das Vedataijasa *gnâspatiḥ* am unrichtigen Orte auf; da es ein Kompositum ist, fällt es nicht unter Regel 153 (Pr. 8, 27), sondern nur unter Regel 150 (Pr. 8, 23).

Material viel geringer ist, hier weniger bestimmt sein kann[1]). Jedenfalls wich der Umfang der Werke von dem jetzigen nicht ab. Das beweist der Umstand, dass auch das zehnte, wohl am spätesten hinzugefügte Buch des Âraṇyaka, die Yâjñikî- oder Nârâyaṇîyâ-Upanishad in 226[2]), 336 und 339 berücksichtigt ist[3]). Welcher von den vier Recensionen dieses Buches, von denen wir aus Sâyaṇa's Einleitung wissen, unser Verfasser folgte, lässt sich mit Gewissheit nicht feststellen, da uns nur zwei derselben, die der Ândhra und die der Draviḍa erhalten sind. Doch ist es am wahrscheinlichsten, dass er sich dem Ândhratexte anschloss, da die beiden in 339 genannten anuvâka's[4]) sich wohl in diesem, nicht aber im Drâviḍatexte vorfinden[5]).

Abgesehen von den genannten principiellen Unterschieden fällt zunächst die grössere Ordnung, die in der Çikshâ herrscht, ins Auge. Am besten lässt eine Vergleichung der Regeln, die sich mit dem Accent beschäftigen, den Fortschritt erkennen, den die Çikshâ in dieser Hinsicht gemacht hat. Im Prâtiçâkhya sind jene Regeln über das ganze Werk hin verstreut (1, 38—47; 10, 10. 12. 16. 17; 12, 9—11; 14, 29—33; 17, 6; 18, 2—7; 19, 1—20, 12; 21, 10. 11; 22, 9. 10). Nicht einmal eng Zusammengehöriges steht bei einander. Die Stärke des prayatna bei den

---

1) Auf die Abweichungen im Texte, die sich aus den Regeln und aus den Beispielen des Kommentars ergeben, gehe ich hier nicht ein. Es scheint mir, dass in allen Fällen der Text einfach nach der Çikshâ zu verbessern ist.

2) Die Regel betrifft das Wort *sahasraçîrsham* (Â. 10, 13, 1 Ândhraç.; 11, 1 Drâviḍaç.).

3) Auffällig ist es, dass in den Handschriften G. und M. des Tribhâshyaratna als Schlussworte des Âraṇyaka die des fünften praçna: *eva* (MSS. *aiva*) *tapati*, angeführt werden (Whitney S. 426). Dass die folgenden Bücher zur Zeit des Kommentators noch nicht bestanden, ist, da er jünger ist als der Verfasser der Çikshâ, natürlich unmöglich. Die von Sieg (Bhâradvâjaçikshâ S. 11 ff.) gegebene Erklärung, die dem fünften folgenden praçna's seien Upanishad's und deshalb nicht zum Âraṇyaka gerechnet worden, beruht auf einem Irrtum. Der sechste praçna bezieht sich auf den pitṛmedha und wird nicht als Upanishad betrachtet. Übrigens bedarf die Lesart noch besserer Beglaubigung; die Göttinger Handschrift (Sanskr. 16) lässt die Stelle fort.

4) *vâṅnidhane*, d. h. in den mit *vâṅ* (*ma âsan* | *nasoḥ prâṇaḥ* 10, 72) und *nidhanapataye namaḥ* 10, 16) beginnenden anuvâka's.

5) Auch das Vedataijasa schliesst sich an die Ândhrarecension an. Unter 340 führt es als Beispiel für eine Pause zwischen zwei anuvâka's: *suçâna induḥ* | *jâtavedase* (Â. 10, 1 und 2) an. In der Drâviḍarecension sind diese beiden anuvâka's in einen einzigen zusammengezogen.

verschiedenen svarita's wird in 20, 9—12 angegeben; die Ansicht des Paushkarasâdi über die Stärke des prayatna beim svâra und vikrama wird dagegen in 17, 6 mitgeteilt. Die Veränderungen, die sich beim Zusammentreffen der Accente in der saṁhitâ ergeben, werden in 14, 29—33 gelehrt; allein die Regeln über den vikrama, den kampa und den pracaya, die doch auch Erscheinungen betreffen, die bei der Konstruktion des saṁhitâpâṭha zu Tage treten, kommen erst viel später und auch dann noch nicht im Zusammenhange vor (19, 1—5; 21, 10. 11). Die Regeln ferner, die das Zusammenfliessen zweier Accente in einen einzigen behandeln, werden immer im Anschluss an die Regeln über den sandhi der den Accent tragenden Vokale gegeben (10, 10. 12. 16. 17; 12, 9—11); die natürliche Folge davon ist, dass z. B. im zehnten Kapitel der Zusammenhang der Regeln völlig gestört wird. In der Çikshâ ist dagegen alles, was auf den Accent Bezug hat, vereinigt[1]) (197—238) und planmässig angeordnet. Dieselbe Sorgfalt waltet in Einzelheiten. Die Regeln, die den terminus pragraha für bestimmte Wörter lehren (35—51; Pr. 4), sind folgerichtig in die Definitionsregeln hineingezogen worden. Alle Ausnahmen zu jener Liste der pragraha, die im Prâtiçâkhya in 4, 14. 21. 39. 41. 43. 53. 54 zerstreut sind, sind in der Çikshâ in Regel 51 zusammengestellt. Die Regeln über die Verwandlung der dentalen tenues in linguale, die, wie S. 17 bemerkt, im Prâtiçâkhya an ganz falschem Orte (7, 13. 14) stehn[2]), sind in der Çikshâ passend den Regeln über die Verwandlung eines *s* in *sh* angereiht (132), da, mit Ausnahme eines einzigen Falles, die letztere die Vorbedingung für die Lingualisation der tenues ist. Wie in der Çikshâ sind zwar auch im Prâtiçâkhya die Regeln, die vom Einschub und vom Schwund von Lauten handeln, in zwei besondere Abteilungen zusammengefasst (Ç. 105—108; 109—114. Pr. 5, 4—8; 5, 11—19); allein auch hier ist die Çikshâ genauer, indem sie alle Regeln vereinigt, während sich im Prâtiçâkhya noch ein paar Nachzügler finden: die Regeln über den Einschub eines *k* und *t* (5, 32. 33) und die über den Schwund eines *m* (13, 1—4). Es liesse sich so im einzelnen noch vieles anführen, doch ich denke, dass schon ein Blick in die S. 5—16 gegebene Inhaltsübersicht und ein Vergleich derselben mit der des Prâtiçâkhya die Richtigkeit meiner Behauptung bestätigen wird.

1) Nur der Accent von *om* wird besonders in 336 gelehrt.

2) Allerdings sicher erst durch Korruption des Textes. Der Çikshâverfasser wird sie aber doch wohl schon an der Stelle, wo sie heute stehn, vorgefunden haben. Vgl. S. 41.

An einigen wenigen Stellen lässt allerdings auch die Çikshâ noch einiges zu wünschen übrig. Unersichtlich ist es, warum z. B. in dem Kapitel von der Hervorbringung der Laute die Regeln 284 und 286. 287; 294—297 und 312—314 nicht bei einander stehn. Regeln wie 248 und 336 erwarten wir vollends an einem anderen Orte[1]). Auch die anhangsweise grösseren Abschnitten hinzugefügten Regeln hätten bisweilen besser untergebracht werden können[2]); allein im grossen und ganzen hat der Verfasser doch nach einer festen, klaren Disposition gearbeitet. Ich habe versucht, diese Disposition in der Inhaltsübersicht durch die Überschriften anzudeuten. In den Handschriften liegt eine andere Einteilung vor. Der Text zerfällt darnach in 21 prakaraṇa's, die die folgenden Namen führen:

saṁjñâprakaraṇa (1—54)
vyañjanaparadîrghaprakaraṇa (55—104)
nânârûpapadasaṁdhiprakaraṇa[3]) (105—123)
shatvaprakaraṇa (124—133)
ṇatvaprakaraṇa (134—142)
visarjanîyasaṁdhiprakaraṇa (143—158)
yatvaprakaraṇa (159—170)
ajaikyaprakaraṇa[4]) (171—177)
eñanaikyaprakaraṇa[5]) (178—189)
pûrvaikyaprakaraṇa[6]) (190—196)
svaradharmasvarûpaprakaraṇa[7]) (197—203)
svaradharmasaṁhitâprakaraṇa[8]) (204—229)

---

1) Man könnte sie daher für später eingeschoben halten. Da diese Annahme bei 336 aber wegen des Inhalts sehr unwahrscheinlich ist, so wage ich auch 248 nicht als unecht zu bezeichnen.

2) So gehört Regel 142 eigentlich in den Abschnitt 115—123; sie verdankt ihren Platz nur dem Umstande, dass im Prâtiçâkhya die entsprechenden Regeln 8, 1—4 zufällig den Regeln über die Lingualisation eines *n* folgen.

3) B. *nânâsandhirûpapra°*; C. D. *°rûpasaṁdhi°*; E. *°rûirasaṁbaṁdhipra°*. Regel 105—108 wird in Übereinstimmung mit dem Tribhâshyaratna mit *âgamâ ete* geschlossen. Am Ende von Regel 114 findet sich in D. E.: *iti lopaprakaraṇaṁ*. Da es sich nur in diesen beiden stark interpolierten Handschriften findet, so ist es sicher unecht.

4) B. *acpra°*; D. E. *aikyapra°*.

5) B. *odedaikyâkarapra°*; D. *edonai°*; E. *edonyekrapra°*.

6) B. *pûrvaikyâkûrapra°*; D. E. *pûrvaikyaiñ*(E. *kyarbhya*)*pra°*.

7) B. *°dharmmapra°*.

8) A. B. hinter 228 (B. *°dharmmapra°*); D. E. om. Hinter 229 aber haben A. D. E.: *iti sva*(D. E. *svâ*)*rasaṁhitâprakaraṇaṁ*. In allen Handschriften folgt dann die Bemerkung, dass sich die Gesamtzahl der bisherigen prakaraṇa's, die

svaravinyâsaprakaraṇa[1]) (230—238)
dvitvaprakaraṇa[2]) (239—243)
lakshaṇâd âgamanavarṇakramalakshaṇaprakaraṇa (244—253)
dvitvanishedhaprakaraṇa[3]) (254—262)
aṅgasaṁhitâprakaraṇa (263—277)
sthânaprakaraṇa (278—314)
kâlanirṇayaprakaraṇa (315—346)
sattvarajastamaḥprakaraṇa[4]) (347—355)
uccâraṇaprakaraṇa (356—373).

Wie man sieht, deckt sich diese Einteilung mit der aus den Regeln selbst abstrahierten, abgesehen von kleineren Verschiedenheiten[5]), besonders an zwei Stellen nicht. In das Kapitel von der Verlängerung der Vokale vor Konsonanten werden auch die Regeln 55—64 hineingezogen, die, wenn sie nicht als ein besonderes prakaraṇa gerechnet werden sollten, doch höchstens zum saṁjñâprakaraṇa hätten gezählt werden dürfen. Zweitens werden sämtliche Regeln über die svarabhakti (271—277) unter das aṅgasaṁhitâprakaraṇa gestellt, obwohl sie mit den darunter fallenden Regeln doch nicht das mindeste zu tun haben. Auch die Titel sind zum Teil recht schlecht gewählt. So trägt das yatvaprakaraṇa (159—170) seinen Namen sehr mit Unrecht, da doch nur etwa die Hälfte der in diesem Abschnitte vorkommenden Regeln die Verwandlung eines Lautes in *y* lehren. In wiefern gar die Regeln 356—373 als uccâraṇaprakaraṇa bezeichnet werden können, ist mir völlig unverständlich. Ich halte es infolgedessen für sicher, dass die Einteilung in prakaraṇa's nicht vom Verfasser selbst herrührt, sondern dem Kommentator zuzuschreiben

---

sich auf den sandhi von Konsonanten, visarjanîya, Vokalen und Accenten beziehen, auf zwölf belaufe. Das ist aber ungenau, da man um diese Zahl herauszubekommen, auch die Kapitel von den technischen Ausdrücken und der Natur der Accente hierher rechnen muss, was strenge genommen, nicht statthaft ist. In B. ist daher auch *drâdaça* in *daça* geändert. Wahrscheinlich gab diese Bemerkung auch zu dem in Note 3 erwähnten lopaprakaraṇa in D. E. Veranlassung. Es sollte durch diese Einschaltung wenigstens das saṁjñâprakaraṇa von den zwölf sandhikapiteln ausgeschlossen werden.

1) B. *hastasva°*. D. E. *svaranyâ°*.

2) B. om.

3) Dahinter: *etatprakaraṇatrayaṁ varṇasaṁhiteti vijñeyam.*

4) A. *satva°*. *°tamapra°*. D. *satvarṇatamasavarṇapra°*. E. *satva°*. *°tamasavirṇapûraṇam.*

5) So wird z. B. sehr unüberlegt Regel 178 zum eñanaikyaprakaraṇa gerechnet, während sie doch gerade die Verschmelzung von *e* und *o* mit *a* lehrt.

ist. Dafür spricht auch, dass in den Handschriften an drei Stellen [1]) die prakaraṇa's nur als Abschnitte im Kommentar (*Vyâsaçîkshâvivaraṇe*), nicht in der Çikshâ selbst bezeichnet werden [2]). Ich habe daher auch bei der Zählung der Regeln — in den Handschriften werden die Regeln überhaupt nicht gezählt — diese Einteilung nicht berücksichtigt.

Von den Abweichungen der Çikshâ vom Prâtiçâkhya beruht zunächst eine ganze Anzahl auf Verbesserungen mehr oder minder grosser Ungenauigkeiten und Fehler des Prâtiçâkhya. Bei der Aufzählung der Abschnitte, in denen *a* nach *e* oder *o* unverändert bleibt, ist in Pr. 11, 3 der anuvâka 1, 4, 33 übersehen; die Çikshâ führt ihn in 179 auf [3]). Das Prâtiçâkhya stellt in 1, 61 den Grundsatz auf, dass eine in der saṁhitâ wiederholte Stelle ebenso wie bei ihrem ersten Vorkommen laute, wenn sie aus drei oder mehr Worten bestehe. Das führt aber zu Fehlern. Die Regel findet so nämlich fälschlich in zwei Fällen Anwendung. Der erste ist der von Whitney unter 1, 59 besprochene: *ity âha devî hi* findet sich sowohl in 2, 6, 7^5 als in 6, 1, 7^7. In der ersten Stelle ist *devî* pragraha nach Regel 4, 23 (Ç. 49) und sollte es daher nach 1, 61 auch in der zweiten sein; hier ist es aber Singular. Ferner genügt die Stelle *ye antarikshe ye divi*, die zuerst in 4, 2, 8^3 vorkommt und in 4, 5, 11^2 wiederholt ist, den Anforderungen der Regel; in 4, 5, 11^2 lauten die Worte aber: *ye 'ntarikshe ye divi*. Der Kommentator sucht diese Fehler zwar durch allerlei willkürliche Interpretationen hinwegzuräumen; er

---

1) Am Ende von prakaraṇa 1, 10 (in D. E. fehlt der Zusatz) und 21.

2) Nur in D. E. steht einmal, am Ende des kâlanirṇayaprakaraṇa: *iti Vyâsaçîkshâyâm*, was natürlich ganz unerheblich ist.

3) Auch in dem sûtra 14, 8 ist nach den Beispielen des Vedataijasa die Stelle *apa cchidyâd adhât* übersehen und daher bei der Aufzählung der upasarga's, die die Augmentierung eines *ch* hervorrufen (1, 15; vgl. S. 24), *apa* übergangen. Es scheint, als ob die Çikshâ in 245 diesen Fehler dadurch zu verbessern suchte, dass sie die Augmentierung nach den auf Vokal auslautenden Präpositionen (*ajantopasargâç ca*) lehrte. Da bei dieser Fassung der Regel aber auch *anu* in der Stelle *tad anu chandâ sy apâkrâmat* fälschlicherweise Augmentierung hervorrufen würde, so scheint in der Handschrift, auf welche die mir vorliegenden Handschriften zurückgehn, *ajantopasargâç ca* in *tadupasargâç câty* verändert worden zu sein, wobei unter dem *tad* das Prâtiçâkhya zu verstehn ist. Damit war der alte Fehler wieder aufgenommen. Die Regel erfuhr dann später, wie sich an der Hand der Handschriften nachweisen lässt, noch verschiedene Veränderungen; doch sind diese natürlich nur für die Geschichte des Textes von Interesse.

schafft damit aber, wie Whitney zeigt, nur neue. Die Çikshâ hat daher die ganze Regel vollständig umgearbeitet; sie hat die meist nur kurzen Brâhmaṇastellen abgesondert und kann daher den Umfang der übrigen Stellen auf fünf Worte erweitern. Die Regel (60), die so auch für die oben genannten Stellen passt, lautet:

punaruktaṁ yataḥ pañcapadam ityuttaraṁ ca vâ |
pûrvavad bhavati jñeyaṁ sarvatrâpi vicakshaṇaiḥ ||

Nicht genug aber, dass die Form der Regel im Prâtiçâkhya sich als unzureichend erweist, auch ihre Anwendung wird mehrere Male ausser Acht gelassen. Unnötig ist die Anführung von *âyajishṭhaḥ* und *ihâ* in 9, 22. Die in Betracht kommenden Stellen *yashṭâ devâ₊ âyajishṭhaḥ svasti* (4, 3, 13²; 6, 1⁵) und *agne devâ₊ ihâ vaha* (1, 3, 14⁸; 5, 5³; 4, 6, 1³) gehören bei ihrem ersten Vorkommen einem yâjyâabschnitte an, für welchen Regel 9, 20 gilt; ihre richtige Lesung würde sich an der späteren Stelle nach jenem Grundsatze mithin von selbst ergeben. Der Verfasser des Tribhâshyaratna übergeht in beiden Fällen die Sache mit Stillschweigen, und so ist der Fehler begreiflicherweise auch Whitney entgangen. Einen dritten Fall, die Anführung von *jajñe* in 11, 16, bringt er aber selbst zur Sprache, weil er glaubt, den Fehler wegschaffen zu können. Seine Erklärung ist jedoch durchaus unstatthaft; *jajñe* ist ebensogut wie die erstgenannten Wörter nur durch ein Versehen in die Regel aufgenommen. Die Çikshâ hat aus der 9, 22 entsprechenden Regel 161 die beiden überflüssigen Wörter entfernt; *jajñe* wird allerdings auch in 188 (Pr. 11, 16) aufgeführt, aber mit vollem Recht, da die Stelle, in der es enthalten ist, nur aus drei Worten besteht (*prathamaṁ jajñe agniḥ* 1, 3, 14⁵; 2, 2, 4³), und der erwähnte Grundsatz somit in der Çikshâ in diesem Falle keine Geltung hat[1]).

Sehr glücklich verbessert ist in der Çikshâ (49) das sûtra 4, 23, dessen Fassung ganz ungenügend ist. Es werden dort nämlich die Grenzen eines gewissen Abschnittes (in 2, 6, 7⁵) angegeben, innerhalb dessen Wörter auf *î* oder *e* pragraha sein sollen, und als der Anfang desselben *pûrvaje* citiert. Das bringt aber eine Reihe von Schwierigkeiten mit sich: erstens ist es möglich, auch eine andere Stelle (4, 1, 11⁴—4, 3, 2¹) darunter zu

1) Überflüssig ist auch die Anführung von *çrapayân* in Pr. 9, 23 als Ausnahme zu 9, 20, da das Wort an der einzigen Stelle, wo es vorkommt (4, 1, 5⁴) vor *iti* steht und das Prâtiçâkhya in 9, 20 die Verwandlung des *n* vor *iti* überhaupt verboten hat. Die Çikshâ musste *çrapayân* allerdings in 162 anführen, da nach ihr (159) die Verwandlung „vor einem beständigen Vokal" stattfindet.

verstehn; zweitens ist die Regel ungeschickt, da *pûrvaje* schon nach 4, 11 (Ç. 41) pragraha ist; und drittens, was die Hauptsache ist, lässt die Regel den Zweifel, ob man in 2, 6, 7[5] das erste vor *ṛtâvarî* oder das zweite vor *hi* stehnde *pûrvaje* als Anfang der Stelle betrachten soll. Selbst das Tribhâshyaratna, das die beiden ersten Bedenken hinwegdisputiert, weiss sich in dem letzten Punkte nicht anders zu helfen, als dass es *pûrvaje* als „das erste *je*" erklärt, eine Auffassung, die natürlich in Wirklichkeit ganz unmöglich ist. Die Çikshâ hat alle Schwierigkeiten gelöst, indem sie *varî iti* als Anfangsworte des Abschnittes bezeichnet.

Fehlerhaft ist ferner das sûtra 15, 1, das die Nasalierung eines Vokals vor jedem *m*, für das Schwund eingetreten ist, lehrt. *m* schwindet nach Pr. 5, 18 auch im ersten Gliede von *ekam-ekam*; die Regel würde also hier fälschlich Anwendung finden. Die Çikshâ hat daher in 169 die Regel auf ein vor *r* oder ûshman stehndes *m* beschränkt. In Pr. 14, 9 wird zwischen einem tonlosen ûshman und einem sparça der Einschub des ersten sparça gleicher Artikulationsstelle vorgeschrieben. Streng nach dem Wortlaut der Regel müsste diese Operation immer wieder erfolgen; um das zu verhindern, lehrt die Çikshâ in 249 ausdrücklich, dass der Einschub nur einmal stattfinde. Als eine Verbesserung muss auch die in Ç. 54 gemachte Ausschliesung des Imperativs *ava* von der Bezeichnung als upasarga angesehen werden[1]; nach Pr. 1, 15 (Ç. 34) gilt der Terminus auch für jene Form. Andere Ungenauigkeiten liegen vor, wenn das Prâtiçâkhya in 4, 5 die Bezeichnung pragraha einfach für das lange *û* vorschreibt und nicht, wie dies in der Çikshâ (36) geschieht, auf ein unveränderliches *û* beschränkt, oder wenn es in 11, 4 nicht besonders lehrt, dass die dort und in der nächsten Regel aufgeführten Wörter in den vorhergenannten Abschnitten stehn müssen[2]; die Çikshâ weist in 180 speciell darauf hin[3]. Ein in Pr. 12, 4 zu Tage tretender Fehler

1) Franke (Sarvasammataçikshâ, Einleitung S. X) glaubt diese Regel nur aus dem Mangel jeglichen grammatischen Gefühls erklären zu können, allein ganz mit Unrecht. Wenn für das Wort *ava* die Bezeichnung upasarga vorgeschrieben wird, so gilt das nach dem einmal angenommenen Systeme der Lehre, das nur die äussere Form berücksichtigt und grammatische Verhältnisse und Bedeutung völlig ignoriert, für jedes *ava*. Die Konstatierung der Ausnahme ist also nur ein Zeichen von Konsequenz und Genauigkeit, nicht von Unwissenheit.

2) Nach dem Kommentar soll dies allerdings durch das in der Regel stehnde *ca* ausgedrückt sein.

3) Allerdings ist diese Verbesserung noch nicht ganz befriedigend. Für zwei der in Ç. 181 Pr. 11, 5 aufgeführten Fälle gilt die Beschränkung nicht: wenn dem

wird in der Çikshâ durch Aufstellung eines neuen Grundsatzes beseitigt. Im Prâtiçâkhya wird nämlich der Ausfall eines anlautenden *a* nach *e* und *o* vor *h* mit folgendem Vokal gelehrt. Unter diese Regel fallen aber, wie aus den Ausnahmebestimmungen in 11, 4 (Ç. 180) hervorgeht, auch solche Wörter, in denen dem *h* noch ein anusvâra vorausgeht[1]). Die Çikshâ, die das sûtra 12, 4 in 192 genau wiedergiebt, setzt daher in 56 als Grundsatz fest, dass unter einem Worte auch das gleichlautende, aber mit einem anusvâra versehene Wort zu verstehn sei.

In einer Reihe von Regeln, die die Verwandlung eines im Wortauslaut stehnden Lautes betreffen, wird in der Çikshâ besonders bemerkt, dass der betreffende Laut im Wortauslaut stehn müsse. So in Regel 113, die den Abfall eines auslautenden *m* vor *r* und ûshman lehrt, in 142, die die Verwandlung eines auslautenden ersten sparça behandelt und die Specialregel für *kakut* bringt, in 159, nach der auslautendes *n* in gewissen Abschnitten vor Vokal zu *r* oder *y* wird, und in 242, nach der auslautendes *ṅ* und *n* vor Vokalen verdoppelt wird. In den korrespondierenden Prâtiçâkhyaregeln 13, 2; 8, 2—4; 9, 20. 18. 19 fehlt eine derartige Bestimmung[2]). In andern Regeln, die sich auf die Behandlung des Auslauts gewisser Wörter beziehen, hat die Çikshâ das der Operation unterliegende Element ausdrücklich genannt, während das Prâtiçâkhya die Beziehung der Regel auf dasselbe stillschweigend voraussetzt. Es sind dies 109, 110, 112 und 116, die der Reihe nach den Abfall des visarga von *eshaḥ*, *saḥ* und *syaḥ*, des *m* von *ity ekam*, des *yâ* von *tishṭhanty ekayâ* und den Übergang des visarga von *âçîḥ*, *suvaḥ*

---

anu datte oder *vâtaḥ* vorausgeht. Um die Regel durchaus tadellos zu machen, hätte daher der Çikshâverfasser diese von den übrigen sondern und für sie und für die folgenden, Pr. 11, 6—18 entsprechenden Regeln (182—189) die Beschränkung ausdrücklich aufheben müssen. Zwar macht er einen Versuch dazu, indem er am Ende von 187 (Pr. 11, 14) *itaratra tu* einfügt; allein dies kann sich doch höchstens, wie auch der Kommentar angiebt, auf die Regeln 182—187 (Pr. 11, 6—15) beziehen und lässt die Regeln 181. 188. 189 (Pr. 11, 5. 16—18) unberührt.

1) Die Regel 8, 15, die ebenfalls diesen Grundsatz notwendig macht, ist, wie S. 39 gezeigt, erst nach der Zeit der Çikshâ eingeschoben.

2) Die Bestimmung fehlt merkwürdigerweise auch in der Çikshâ bei den Regeln, die ein auslautendes *m* vor sparça's, *y*, *v* und *l* betreffen (122. 123 Pr. 5, 27. 28), obwohl sie derselben ebensogut wie die Regel über die Behandlung eines auslautenden *m* vor *r* und ûshman's bedurft hätten. Andere Regeln, wie die über ein *n* vor *c* (117 Pr. 5, 20. 21), über einen ersten sparça vor *h* (118 Pr. 5, 38—41) u. s. w. entbehren derselben zwar auch, allein hier konnte der Çikshâverfasser von einer Beschränkung auf den Wortauslaut absehen, da jene Verbindungen im Wortinlaut gar nicht vorkommen können.

und *dhûḥ* in *r* lehren. Die sûtra's 5, 15—19 und 10 lehren nur allgemein Schwund bezugsweise Übergang in *r* für die genannten Wörter. In ähnlicher Weise hat die Çikshâ die Regel 167 über den Abfall eines *y* nach einem *a*-Vokal vor folgenden Vokalen mit dem Zusatz versehen, dass das *y* ein Substitut sein müsse. Der Spielraum von Pr. 10, 19 ist wegen des Fehlens dieser Beschränkung viel zu weit, da diese Regel sich ohne Unterschied auch auf jedes an- oder inlautende *y*[1]) nach einem *a*-Vokal bezieht, und der Kommentar sieht sich daher gezwungen, die Beschränkung auf ein substituiertes *y* aus einem *tu* der Regel herauszuinterpretieren. Vielleicht hielt der Verfasser des Prâtiçâkhya solche Genauigkeit für unnötig, weil es sich bei der Bildung des saṁhitâpâṭha im allgemeinen ja immer nur um Veränderungen handeln kann, die beim Zusammentreffen von Wörtern im An- und Auslaut entstehn. Dass aber doch auch durch den Zusammenschluss von Wörtern bedingte Veränderungen im Wortinnern vorkommen, zeigen die Regeln über die Lingualisierung eines dentalen *n* zur Genüge, und wenigstens hätte man für die in Pr. 5, 10. 15—19 aufgeführten Fälle die Aufstellung eines Grundsatzes ähnlich dem *alo 'ntyasya* des Pâṇini (1, 1, 52) erwarten dürfen[2]).

Nicht immer ist das Prâtiçâkhya seinem Grundsatze treu, die Citate auf das Mass des unumgänglich Notwendigen zu beschränken. So wird in 4, 22 als Anfang einer Stelle *irâvatî*, in 11, 3 als Anfang eines anuvâka *iyam eva sâ yâ* gegeben, wofür die Çikshâ konsequenter *irâ* (49), *iyam e* (179) lehrt. Eine grosse Zahl ähnlicher Fälle, bei denen der Kommentar dem Verfasser die Rücksichtnahme auf andere Textrecensionen zuschreibt, sind schon im Vorausgehnden[3]) besprochen; da dort gezeigt ist, dass überall nur ein einfaches Versehen des Prâtiçâkhya vorliegt, so sind natürlich auch diese Fälle, soweit die Çikshâ sie verbessert hat, hierher zu ziehen.

Eine grössere Sorgfalt lässt sich in der Çikshâ in Bezug auf die Definition von Kunstausdrücken erkennen. Der Verfasser des Prâtiçâkhya gebraucht mehrere termini technici, ohne ihre Bedeutung im Anfang des Werkes zu erläutern, ja in einem Falle sogar in direktem Widerspruche mit der einmal gegebenen Definition.

---

1) Und *v*. Nach der Çikshâ fällt dies nicht ab.

2) Sûtra 1, 56: *varṇasya vikâralopau* genügt natürlich nicht, wenn auch der Kommentator dieser Ansicht zu sein scheint. Die Çikshâ konnte wegen der oben erwähnten Änderungen dieses sûtra mit Recht übergehn.

3) S. 43 ff.

Das letztere betrifft den Ausdruck *savarṇa*, der in 1, 3 nur für Vokale gelehrt wird, späterhin aber dreimal (5, 28; 14, 23; 21, 7) auch von Konsonanten gebraucht wird. Die Çikshâ vermeidet diese Ungenauigkeit, indem sie in 10 den Ausdruck in gleicher Weise für Vokale wie für Konsonanten lehrt. Nicht erklärte Ausdrücke sind ferner *varṇa* (öfter), *saṁyoga* (öfter), *avasâna* (14, 15), *virâma* (22, 13), *ârsha* (9, 21; 10, 13), *pada* (öfter) und *pṛkta* (13, 16). Die Çikshâ giebt hier überall die Definitionen, für *varṇa* in 9, *saṁyoga* in 20, *avasâna* und *virâma* in 21, *ârsha* in 23, *pada* in 24 und *pṛkta* in 11. Mit der Aufstellung der letzteren schiesst nun allerdings die Çikshâ über das Ziel hinaus, da das einzige sûtra, in welchem *pṛkta* vorkommt (13, 16), nicht aufgenommen worden ist, und der Ausdruck daher in der Çikshâ überhaupt nicht begegnet. Ohne weiteres gebraucht werden im Prâtiçâkhya die negierenden Vorsilben *a-* und *an-*; die Çikshâ macht sich die Mühe, in Regel 18 ihre Bedeutung und sogar die von *mâ* zu lehren, obwohl sich das letztere, soweit ich sehe, in der Çikshâ ebensowenig wie im Prâtiçâkhya vorfindet. Endlich sei hier noch auf die in Ç. 59 und 261 enthaltenen Vorschriften über die Anwendung von allgemeinen und Specialregeln und über den Namen eines nicht mit einem Vokal verbundenen Lautes im varṇakrama hingewiesen, die das Prâtiçâkhya für unnötig befunden hat.

Betrafen schon die letztgenannten Verbesserungen nicht so sehr tatsächliche Versehen als vielmehr technische Unvollkommenheiten, so trifft dies in noch höherem Grade für die im folgenden genannten Fälle zu.

Vor allem ist hier die Umgestaltung der Regeln über die Verlängerung auslautender Vokale in der saṁhitâ zu nennen, die das Prâtiçâkhya, wie schon S. 38 bemerkt, im dritten Kapitel in der Weise giebt, dass es die Verkürzung der langen Formen im padapâṭha lehrt. Damit fällt aber der Abschnitt völlig aus dem Plane des Werkes heraus, der darauf gerichtet ist, die Bildung des saṁhitâpâṭha aus dem padapâṭha zu zeigen, und die Çikshâ hat daher mit Recht das ganze Kapitel (65—104) in diesem Sinne umgearbeitet [1]).

Einige Male ist es dem Çikshâverfasser gelungen, durch sorg-

---

1) Auch die Regeln über das Vorkommen eines *ṇ* (13, 6—15) und eines anusvâra (15, 4. 5; 16, 1—31; 1, 60) im Wortinlaut erwartet man nicht im Prâtiçâkhya zu finden. Die Çikshâ hat sie nicht aufgenommen. Dagegen giebt sie in ganz ähnlicher Weise in 304—308 eine vollständige Liste der mit einem raṅga und einem pluta-Vokale versehenen Wörter, die wiederum im Prâtiçâkhya fehlt.

fältigere Anordnung eine Regel oder eine Bemerkung in einer Regel, die sich im Prâtiçâkhya vorfindet, zu sparen. Das Prâtiçâkhya lehrt in 5, 34 die Verwandlung eines *ç* nach einem sparça in *ch* und fügt im folgenden sûtra die Ausnahme hinzu: nicht, wenn *m* vorausgeht; beim Zusammentreffen von *m* und *ç* soll nämlich Regel 13, 2 eintreten, nach der ein *m* vor einem ûshman schwindet. Die Ausnahmebestimmung (5, 35) ist aber notwendig, da im Prâtiçâkhya der Grundsatz gilt, dass die vorausgehnde Regel immer zuerst angewendet wird (5, 3). Darnach müsste *ç* auch nach *m* zu *ch* werden und Regel 13, 2 würde in diesem Falle gar keine Anwendung mehr finden. Für die Çikshâ, die denselben Grundsatz hat (58), ist aber die Ausnahme überflüssig, da sie die Verwandlung in *ch* in 119, den Abfall des *m* aber schon in 113 lehrt, und infolge dessen die Lautfolge *m ç* in 119 gar nicht mehr in Betracht kommen kann. Ganz ähnlich liegt die Sache bei der in Pr. 5, 22 enthaltenen Vorschrift, dass ein *t* ausser vor *c* und *ch* auch vor *ç* in *c* übergehn soll. Die Çikshâ hat die im Prâtiçâkhya erst in 5, 34 gegebene Regel über die Verwandlung eines *ç* nach einem sparça in *ch* vorangestellt (119) und braucht so in 120, der Pr. 5, 22 entsprechenden Regel, den palatalen Zischlaut nicht mehr zu berücksichtigen, da nun dem *t* in allen Fällen kein *ç*, sondern *ch* folgt. Bei der Aufzählung der pragraha's sind *dyâvâpṛthivî* aus 4, 12 und *âhutî* aus 4, 15 nebeneinandergestellt (38), und es ist dadurch möglich gemacht, die Bestimmung, dass die den beiden vorausgehnden Wörter ebenfalls pragraha seien, durch ein einziges Wort (*kṛtau*) auszudrücken [1]). Das Prâtiçâkhya bedarf für den gleichen Zweck zweier Regeln (4, 13 und 15).

An einigen andern Stellen ist durch eine kleine Änderung des Wortlauts einer Regel eine zweite oder eine Ausnahme vermieden. Der Inhalt der sûtra's 1, 60 und 4, 4, dass ein einem anderen Worte angehöriges nimitta bei pragrahawörtern von beständiger Wirkung ist, und dass ein pragraha auch vor dem *iti* des padapâṭha seine Bezeichnung wahrt, ist in der Çikshâ (50) durch die allgemeinere Fassung *sadâ pragrahakâryabhâk* in einer einzigen Regel wiedergegeben. In Pr. 5, 22 und 23 wird die Verwandlung eines *t* vor Palatalen in *c* bezugsweise *j* vorgeschrieben und dabei eine Aufzählung der einzelnen Laute (*c*, *ch*, *j*) gemacht. In der Çikshâregel 120 sind sie in der Gesammtbezeichnung als *c*-Reihe zusammengefasst, und es wird allein der Übergang in *c* gelehrt. Fehlerhaft kann dadurch die Regel nicht werden, da *jh* überhaupt

1) Regel 38 schliesst: *dyâvâpṛthivî âhutî kṛtau.*

nicht und *ñ* nicht im Wortanlaut vorkommt, und vor folgendem *j* die Regel 142 eintritt, nach der der erste sparça vor tönenden Lauten zum dritten wird. Da die letztere Regel auch im Prâtiçâkhya erst an einer späteren Stelle (8, 3) erscheint [1]), so war die besondere Regel 5, 23 für den Übergang in *j* auf jeden Fall unnöthig. Im Prâtiçâkhya wird in 9, 20 bei der Verwandlung eines *n* in *y* vor einem Vokal der Fall ausgenommen, dass *iti* folgt. Es geschicht das, um das Eintreten der Regel im padapâṭha zu verhindern. Dadurch wird aber der Verfasser gezwungen, in der folgenden Regel für eine Stelle, in der *iti* in der saṁhitâ folgt (*yukshvâ hi devahûtamâ. iti* 5, 5, 3[1]) die Gegenausnahme „*hûtamân ârshe*" zu konstatieren. Die Çikshâ hat das letztere umgangen, dadurch dass sie in der entsprechenden Regel 159 die Bestimmung „ausser vor *iti*" durch die Bestimmung „vor einem beständigen Vokal" ersetzt hat. Nun fällt *devahûtamân* ohne Weiteres unter die Regel, die die Verwandlung in *y* für einen yâjyâ-Abschnitt lehrt, da die Worte *yukshvâ hi devahûtamân* zuerst in einem solchen (2, 6, 11[1]) vorkommen [2]). Vereinfacht sind auch die Regeln über die Verwandlung eines visarga vor Vokalen und tönenden Konsonanten in *r*. Im Prâtiçâkhya wird zu der allgemeinen Regel (8, 6) in 8, 7 die Ausnahme gefügt, dass die Verwandlung vor *r* unterbleiben solle. In diesem Falle tritt sûtra 8, 16 ein, das den Abfall des visarga vorschreibt. Die Çikshâ ist jener Ausnahme überhoben, da sie in 147 nicht den Abfall des visarga, sondern des nach der allgemeinen Regel 143 entstandenen *r* lehrt. In 9, 16 soll eine Operation für die Partikel *u* gelehrt werden; um dieses *u* (*ukâra*) von dem alphabetischen Laute *u* zu unterscheiden, wird ihm die Bezeichnung *apṛkta* hinzugefügt. Für diesen Terminus muss daher das Prâtiçâkhya in 1, 54 eine Definition geben. Die Çikshâ hat in der 9, 16 entsprechenden Regel 165 das *u* einfach durch ein beigesetztes *pada* specialisiert und kann daher von einer Definition von *apṛkta* absehen. Die Çikshâ stellt ferner in 57 den Grundsatz auf, dass ein Wort mit kurzem Vokal zugleich auch das betreffende Wort mit verlängertem Vokal bezeichnet; sie ist dadurch der Notwendigkeit überhoben, in 134 *shû* neben *shu*, in 135 *parî* neben *pari* zu lehren, wozu das Prâtiçâkhya in den gleichen Regeln 7, 2 und 7, 4 gezwungen ist. Derselbe Grundsatz macht auch das ganze, das vorausgehnde sûtra ergänzende sûtra 7, 7

1) Natürlich muss auch hier das Princip beobachtet werden, die Regeln in der Reihenfolge des Lehrbuchs anzuwenden.

2) Es kommt dabei wieder der auf S. 65 besprochene Grundsatz zur Anwendung.

überflüssig, da das die Regel veranlassende *prâ* in der Çikshâ schon in dem in 136 (Pr. 7, 6) genannten *pra* einbegriffen ist[1]).

Einige Regeln des Prâtiçâkhya, deren anuvṛtti zu wünschen übrig lässt, sind in der Çikshâ deutlicher ausgedrückt. So wird das in Pr. 8, 6 stehnde *eteshu*, dessen Beziehung nicht klar ist, in Ç. 143 durch den präcisen Ausdruck „vor Vokalen und Tönenden“ ersetzt. In 11, 7 muss die Bestimmung „nach *apaḥ*“ aus einem in der vorigen Regel, aber in ganz anderem Zusammenhange, genannten *apaḥ* ergänzt werden; die Çikshâ hat in 182 die Schwierigkeit dieser anuvṛtti durch ein deutliches *apaḥpûrvaḥ* beseitigt. Dieselbe schärfere Ausdrucksweise finden wir in Ç. 136. Dort wird die Lingualisation eines *n* in gewissen Wörtern ausdrücklich nach *pra* gelehrt, während in dem sûtra des Prâtiçâkhya (7, 6), wie Whitney hervorhebt, auch *pari* und *parî* aus der vorigen Regel fortgelten; die saṁhita bietet aber für die Lingualisation nach diesen Wörtern kein Beispiel. Whitney hat auch schon auf die Unklarheit der Beziehungen zwischen den nimittawörtern und den kâryawörtern hingewiesen, die in Pr. 7, 8 herrscht; die Fassung der Çikshâ (137. 138) lässt darüber keinen Zweifel, da hier die Regel zerlegt ist: *indro'dha enam atra ca* und *kenety atrâyajuḥpûrvaḥ*.

Dem Streben nach grösserer Deutlichkeit ist jedenfalls eine Änderung entsprungen, die in der Çikshâ des öfteren in gleicher Weise vorgenommen ist. Es wird dort nämlich mehrere Male einem aus der saṁhitâ citierten Worte die Bestimmung *pada* hinzugefügt, um anzuzeigen, dass dieses Wort nur, wenn es wirklich ein Wort, nicht aber, wenn es nur ein Wortteil ist, der gelehrten Operation unterliegt. So erhält *îm* in 111, *asam* in 115, *ut* in 162 dieses Prädikat, während es in den korrespondierenden sûtra's 5, 12; 5, 9 und 9, 24 fehlt. In 176 wird ferner darauf hingewiesen, dass das dort genannte *mâ*, ebenso wie die früher vorgekommenen Citate *naḥ*, *yadâ*, *shu* und *sâm*, ein pada sein müsse, damit also auch die padaqualität des *naḥ* in 186, *yadâ* in 43, *shu* in 134 und *sâm* in 113 speciell gelehrt. Die entsprechenden sûtra's 10, 13; 4, 38; 11, 13; 7, 2 und 13, 4 haben wieder nichts derartiges. Das Prâtiçâkhya hat nämlich allen Fehlern dadurch vorzubeugen gewusst, dass es in 1, 50 den Grundsatz aufstellte, dass unter einem

1) Die in Pr. 8, 34 vorhandene Ungenauigkeit, dass *pra* auch das *prâ* von *prâṇaḥ* bezeichnen muss, wird dadurch aber nicht weggeschafft, da dieses *prâ* „nitya“, nicht durch Verlängerung entstanden ist. Die Çikshâ (155) hat diesen Fehler nicht verbessert.

Worte nur das betreffende Wort, nicht ein gleichlautender Wortteil verstanden werden dürfe. Allerdings soll nach dem Kommentator auch die Çikshâ in Regel 56 diesen Grundsatz ausgesprochen haben:

vikṛtaṁ ca pade 'dâdy anâdy anusvârayuk padam.

Er folgert das aus dem *ca*. Ich glaube aber nicht, dass diese Interpretation die richtige ist, sondern bin der Ansicht, dass der Çikshâverfasser der Sicherheit wegen es vorgezogen hat, in jedem einzelnen Falle, wo es erforderlich war, den Lautkomplex als ein Wort zu charakterisieren.

Bisweilen ist auch der Text einer Regel verändert worden, um ihren eigentlichen Zweck deutlicher hervortreten zu lassen. In Pr. 14, 15 wird die Verdopplung eines Konsonanten in der Pause verboten. Dies Verbot kann sich nur auf einen in der Pause stehnden Konsonanten beziehen, dem ein *r* vorhergeht, und die Çikshâ hat daher anstatt dessen der Regel 241 (Pr. 14, 4), die die Verdopplung eines Konsonanten nach *r* vorschreibt, die Beschränkung hinzugefügt, dass dem Konsonanten noch irgend ein Laut folgen müsse. In Pr. 6, 5 wird unter mehreren anderen Wörtern, deren auslautender visarga vor *t* zu *sh* werden soll, *viduḥ* genannt, das um einer Stelle (1, 1, 14[1]) willen auch *aviduḥ* bezeichnen muss. Da dies aber wegen der folgenden Regeln nicht wie gewöhnlich ohne weiteres möglich ist, so hat der Verfasser am Schlusse der Regel *nityam* „unter allen Umständen" hinzugefügt[1]). Die Çikshâ zählt in 126 einfach *aviduḥ* neben *viduḥ* auf. Das Prâtiçâkhya verbietet in 1, 4 die Bezeichnung eines Vokals als *savarṇa*, wenn demselben ein plutavokal vorausgeht, einzig und allein in der Absicht, so den sonst nach 10, 2 eintretenden sandhi von *agnâ3i iti* zu *agnâ3îti* zu verhindern. Die Çikshâ findet gewiss unsere Billigung, wenn sie, anstatt eine Unregelmässigkeit in der Terminologie zu konstatieren, deren Zweck man zunächst gar nicht einsicht, in 172 die Verschmelzung zweier homogener Vokale in dem Falle verbietet, dass sie einem plutavokal folgen. Anstatt der drei sûtra's 14, 5—7 lehrt die Çikshâ in 244, dass aus demselben Grunde, aus welchem ein Konsonant Verdopplung erleide, der zweite und vierte sparça durch den ersten bezugsweise den dritten verstärkt werden solle. Abgesehen von dem Vorzug der grösseren Kürze fällt bei dieser Fassung der Regel die Pa-

1) Genaueres s. in Whitney's Noten. Sollte *nityam* vielleicht eine spätere Verbesserung sein? Die Ausdrucksweise ist jedenfalls höchst eigentümlich.

rallelität der Vorgänge der Verdopplung und der Augmentierung besser ins Auge.

Endlich sei hier auf das in seinem Wortlaut ganz dunkle sûtra 10, 25 hingewiesen, das nach dem Kommentar das Eintreten weiterer sandhiregeln für einen Vokal verbietet, wenn hinter ihm *y* oder *v* geschwunden sind. Die Çikshâ giebt die Regel (168) in durchaus verständlicher Form wieder: *na . . . saṁdhividhir yatre tu luptake*[1]); freilich muss dabei vorausgesetzt werden, dass jenes sûtra wirklich den angegebenen Sinn hat.

Nun kann aber nicht verhehlt werden, dass allen diesen Verbesserungen in der Çikshâ eine grosse Zahl von Ungenauigkeiten gegenüber steht, die sich im Prâtiçâkhya nicht finden. Bei dem grössten Teile derselben lässt sich ein gemeinsamer Ausgangspunkt nachweisen: das ist der Zwang, den das Metrum auferlegte. Regeln in gebundener Form zu geben, bringt ja den grossen Vorteil mit sich, dass sie leichter behalten werden, und das ist sicherlich der Grund, weshalb wir fast überall in der wissenschaftlichen Literatur der Inder die letzten Repräsentanten auf diesem Standpunkte angekommen sehen[2]). Andererseits verführt aber doch das Metrum, und wenn es noch so frei ist[3]), nur zu leicht zu den entgegengesetzten Fehlern, zu Weitschweifigkeit in der Ausdrucksweise und zu allzugrosser Gedrängtheit, und an dieser Klippe ist auch der Çikshâverfasser des öfteren gescheitert.

Am unangenehmsten machen sich die Verkürzungen bemerkbar, die er sich dem Metrum zu Liebe erlaubt hat. Sie treten vor allem bei den Citaten aus der saṁhitâ hervor. Um den Unterschied zwischen ihnen und anderen Verkürzungen zu erkennen, wird es gut sein, sich die verschiedenen Weisen zu vergegenwärtigen, nach denen die Citierung eines Wortes in Prâtiçâkhya und Çikshâ erfolgen kann.

---

1) Das auslautende *v* schwindet nach der Çikshâ nicht.

2) Ganz analog dem Verhältnis der Çikshâ zum Prâtiçâkhya ist z. B. das des Prayogaratna des Narasiṁha zum Âçvalâyanaçrautasûtra. Ich erinnere ferner an das Hervorgehn der dharmaçâstra's aus den dharmasûtra's. So ist es jedenfalls auch zu erklären, dass wir für den Ṛgveda, soviel mir bekannt, keine einzige specielle Çikshâ haben. Hier genügte eben auch den Späteren das Prâtiçâkhya, weil es metrisch abgefasst war.

3) Das Metrum der Çikshâ ist durchweg der çloka, für den übrigens die strengen Gesetze nicht immer gelten. Nur der Eingangsvers und Regel 323 sind in upajâti, der Schlussvers in indravajrâ. Anstatt der Regeln 230 und 231 findet sich in D. E. eine einzige Regel in upajâti.

Das weitaus Häufigste im Prâtiçâkhya ist, dass ein Wort in Übereinstimmung mit sûtra 1, 24 in der Form gegeben wird, in der es in der saṁhitâ vorliegt. Nur in einigen wenigen Fällen ist von diesem Gebrauche abgewichen und anstatt des vollständigen Wortes ein Teil desselben citiert, ohne dass sich ein anderer Grund als die dadurch erreichte grössere Kürze anführen liesse. So finden wir z. B. in 5, 6 *kuru* für *kurute*, in 6, 11 *dhi* für *adhi*, in 7, 12 *anî* für *anîka*. Würde die Citierung eines einzelnen Wortes es zweifelhaft lassen, ob das Wort in der betreffenden Stelle oder ein gleichlautendes in einer andern Stelle gemeint sei, so wird nach Vorschrift von 1, 25 das dem Worte zunächst Stehnde mitcitiert, d. h. soviel von dem folgenden oder dem vorausgehnden Texte als nötig ist, um die Identität des citierten und des wirklich gemeinten Wortes zu entscheiden. In den meisten Fällen wird auch hier ein vollständiges Wort beigefügt, öfter aber geschieht die nähere Bestimmung auch nur durch einen Buchstaben oder einen Wortteil. Beispiele sind *á* für *yuñjá* in 4, 15, *v* für *dárv* in 7, 13, *ja* für *jajñânam* in 4, 25, *ân* für *mahân* in 4, 34, *varta* für *vartayeyuḥ* in 4, 52. Diese Verwendung verkürzter Wörter verrät aber, ebenso wie der erwähnte Gebrauch von *kuru* für *kurute* u.s.w., nicht nur Inkonsequenz, sondern auch Mangel an Genauigkeit. Häufig werden nämlich Wortteile statt ganzer Wörter in der bestimmten Absicht angeführt, zwei oder mehrere Wörter in einen einzigen Ausdruck zusammenzufassen. So steht z. B. *nvatî* in 4, 29 für *omanvatî*, *rydhanvatî*, *vîḍ* in 4, 38 für *vîḍû*, *vîḍayethâm*, *sak* in 6, 12 für *sakthaḥ*, *sakthâḥ*, *saktham*, *sakthâya*, *karo* in 8, 30 für *karomi*, *karoti*. Äusserlich ist natürlich diese Verkürzung der oben erwähnten völlig gleich, und es bedarf daher immer erst der Heranziehung des gesamten Materials, um zu entscheiden, ob die Verkürzung von Bedeutung ist oder nicht. Eine weitere Möglichkeit, ein Wort anzuführen, wird in 1, 22 vorgeschrieben. Darnach kann das citierte Wort auf *a* auslauten. Eine besondere Absicht ist nach dem Wortlaut jener Regel in dieser Citierungsweise nicht angedeutet; tatsächlich wird sie aber, wie auch der Kommentar bemerkt[1]), nur dann angewandt, wenn mehrere grammatische Formen des Wortes zusammengefasst werden sollen. So bezeichnet z. B. *sâhasra* in 6, 13 *sâhasraḥ* und *sâhasram*, *oshṭha* in 10, 14 *oshṭhâbhyâm* und *oshṭhena*, *aghniya*[2]) in 11, 17 *aghniye*, *aghniyâḥ* und *aghniyâsu*.

1) 6, 13: *sâhasragrahaṇam anekârtham.* 10, 14: *oshṭhaçabdasya sarvâvasthasya grahaṇam.* 11, 17: *aghniyeti . . . padaikadeço bahûpâdânârthaḥ.*

2) In Whitney's Handschriften steht zwar überall *aghniyâ*, in der Göttinger

Wie zu erwarten, hat die Çikshâ dieselben Arten der Wortanführung; den oben erwähnten sûtra's 1, 22. 24. 25, die die Frage der Citierung betreffen, entspricht genau Regel 15. Die Ungenauigkeit, von der das Prâtiçâkhya nicht freizusprechen ist, ist indessen hier aus zwei Ursachen noch vergrössert. Erstens werden hier auf *a* auslautend nicht nur *a*-Stämme angeführt, um mehrere Formen dieses Stammes [1]) zu umfassen; wir lesen in 80 auch *vada*, das *vada* und *vadâmasi* begreifen soll, in 99 *manîsha*, obwohl allein das Wort *manîshâm* in Betracht kommt, und in 85 wird uns sogar *jaritra* als Bezeichnung von *jaritre*, dem Dativ Singularis von *jaritṛ*, geboten. In den beiden letzten Fällen liegt der Grund auf der Hand: die Silbe, die das kurze *a* enthält, steht im vorletzten Versfuss und allein die Rücksichtnahme auf das Metrum ist die Veranlassung für die Wahl der Formen gewesen. Zweitens ist die Zahl der unberechtigten Verkürzungen in der Çikshâ bedeutend gewachsen. Wir finden sie nicht nur überaus häufig an den Stellen, wo die Çikshâ selbständig ist, auch in zahlreichen Regeln, die auf sûtra's beruhen, sind die vollen Wörter des Prâtiçâkhya durch verkürzte ersetzt [2]), so dass in der Çikshâ überhaupt nicht mehr von einem Princip die Rede sein kann. Dass auch hier überall allein die Versnot die Verkürzung veranlasst hat, geht schon aus dem Kommentar hervor, der in seinen Erklärungen oft gar keine Rücksicht auf die Verkürzung der Formen nimmt und die vollständigen Wörter gebraucht, als ob sie so in in der Regel ständen [3]).

Kaum als eine Änderung zum Besseren lässt sich auch das Zusammenziehen von Citaten ansehen, das in der Çikshâ ein paarmal

---

Handschrift des Tribhâshyaratna (Sanskr. 16) sogar *aghniye*, aber die Göttinger Handschrift des Prâtiçâkhya hat wirklich *aghniya* und der Kommentar spricht entschieden für die Kürze des Auslauts. Von den Handschriften der Çikshâ liest A. an der entsprechenden Stelle (169) *aghniya*, die übrigen B. D. E. *aghniyâ*.

1) Allerdings auch des dazugehörigen Femininstammes auf *â*, wie *aghniya* zeigt.

2) Als Beispiele nenne ich nur *so divi*, *o hi*, *asadâm*, *asiñ* in 124 für *svânâso divi*, *âpo hi* in Pr. 6, 2, *asadâma*, *asiñcan* in Pr. 6, 3, *pte* und *saḥ* in 126 für *sapte* und *râsaḥ* in Pr. 6, 5 u. s. w.

3) Unter 63 nennt er z. B. *saḥ*, das für *svânâsaḥ* steht, ruhig pada und spricht im Verlaufe der Untersuchung immer von *svânâsaḥ*. Konsequent ist er indessen nicht. Übrigens ist das Verfahren des Kommentars für den Text sehr verderblich gewesen. Auch in der besten Handschrift sind an nur zu vielen Stellen die vollen Formen aus dem Kommentare in den Text gedrungen, so dass eine Herstellung des ursprünglichen Wortlauts der Regeln oft geradezu unmöglich gemacht ist.

zu Tage tritt; es ist nicht unwahrscheinlich, dass auch hier die Rücksichtnahme auf das Metrum mitgespielt hat. So wird in Pr. 4, 11 der Terminus pragraha für *vatsarasya rûpe*, *virûpe* und *vishurûpe* gelehrt; die Çikshâ schreibt ihn in 41, mit Verkürzung von *vatsarasya* zu *rasya*, für *vishurasyavirûpe* vor. In Pr. 4, 20 werden als Versanfänge *te asya* und *te âcaranti* gegeben; die Çikshâ bezeichnet sie in 48 als *teasyâca*, wobei *âca* wieder um des Verses willen für *âcaranti* steht. Desgleichen sind die in Pr. 6, 2 vorkommenden Citate *ayam u*, *kam u* in Ç. 124 zu *ayaṁkamu* zusammengedrängt[1]). Dass die Deutlichkeit bei dieser Art des Ausdrucks leidet, leuchtet ein.

Verschlechterung in der Form wegen allzugrosser Kürze zeigt ferner der erste Teil der Regel 49. Es wird dort der Terminus pragraha „*somâya sva*" gelehrt, wodurch ausgedrückt werden soll, dass der genannte Terminus innerhalb des mit *somâya sva* beginnenden anuvâka Geltung habe. Das Prâtiçâkhya hat das in der entsprechenden Regel 4, 48 deutlich durch die Hinzufügung von *etasmin* gekennzeichnet. In Ç. 50 finden wir sogar ein *anûdbhavataḥ*, das ganz unverständlich sein würde, wenn wir nicht die entsprechenden Worte des Prâtiçâkhya (4, 52) *bhavato 'nûkârât param* daneben hätten.

Etwas anders liegt die Sache, wenn die Çikshâ in Regel 5 als den Namen eines varga den sparça mit folgendem *varga* oder in Regel 13 als den gemeinsamen Namen des kurzen, langen und plutierten Vokals den Vokal mit folgendem *varṇa* vorschreibt, während das Prâtiçâkhya in 1, 27 und 1, 20 ausdrücklich die Anfügung von *varga* und *varṇa* an den ersten sparça bezugsweise den kurzen Vokal lehrt. Man kann hier zur Entschuldigung des Çikshâverfassers annehmen, dass er nicht die Absicht hatte zu lehren, wie man die Bezeichnung eines varga und den Namen eines Vokals zu bilden habe, sondern nur erklären wollte, was man unter den später gebrauchten Ausdrücken *kavarga*, *avarṇa* u. s. w. zu verstehn habe. Bei dieser Annahme sind die Regeln auch in der Fassung der Çikshâ ausreichend, da natürlich nur *kavarga*, *avarṇa* u. s. w. vorkommen. Ebenso lässt sich die völlige Übergehung des sûtra 1, 18 rechtfertigen, das die unselbständigen Laute wie den visarga, den jihvâmûlîya u. a. von der Namenbildung mit *akâra*,

1) Einmal, in 16, 21, hat auch das Prâtiçâkhya eine solche Zusammenziehung: *unnava͜çam* für *ud va͜çam, na va͜çam*.

die für die Konsonanten vorgeschrieben ist, ausschliesst; gebraucht werden selbstverständlich derartige Bildungen nicht[1]).

Übrigens lassen gerade die Definitionen der technischen Ausdrücke in der Çikshâ, wenn auch, wie wir oben gesehen, eine Anzahl von Lücken des Prâtiçâkhya ausgefüllt sind, noch zu wünschen übrig. Synonyme, die ohne weiteres für besonders vorgeschriebene und erklärte Ausdrücke verwendet werden, sind *ac* für *svara*, *hal* für *vyañjana*, *nihata* (54. 125. 277) für *anudâtta*, *druta* (328) für *svarita*[2]), *svapâṭha* (32. 176) für *ârsha*. Ebensowenig wird die Bildung der Namen von Vokalen durch Anfügung von *tva*[3]) vorgeschrieben, während der Bildung mit *kâra* und *t* in einer besonderen Regel (13) gedacht wird. Auch der Gebrauch der blossen Laute wie *l* (*laḥ* gen. 320), *m* (*mi* loc. 77) ist eine willkürliche Freiheit; nach der in 14 gegebenen Vorschrift müssen Konsonantennamen durch Anfügung von *akâra* gebildet werden. In 6 wird wie in Pr. 1, 11, für den fünften sparça ausdrücklich der Terminus *uttama* gelehrt; nichts destoweniger werden in demselben Sinne sowohl *antya*[4]) (12 u. ö.) als auch *pañcama* (300) gebraucht, und wenigstens die Gültigkeit des letzteren Ausdrucks hätte namentlich gestattet werden müssen. In fast allen Fällen ist der Grund für den Gebrauch der nicht vorgeschriebenen Termini wieder in der metrischen Form der Regeln zu suchen, die die Wahl bald längerer, bald kürzerer, bald in der Quantität der Silben abweichender Wörter erforderte.

Bietet die Çikshâ in den bisher genannten Fällen zu wenig, so

---

1) Gerade der Umstand, dass sich die Beschränkung der sûtra's 1, 20 und 27 und das Übergehn des sûtra 1, 18 aus ein und derselben Ursache erklären lässt, hält mich davon ab, das sûtra 1, 18 als nach der Zeit der Çikshâ eingeschoben zu betrachten, wie ich dies unter ähnlichen Umständen bei den sûtra's 8, 15; 4, 54; 1, 21 und 14, 30 für sicher oder wenigstens wahrscheinlich halte (S. 39 ff.). Ich möchte hier übrigens noch darauf hinweisen, was ich a. a. O. übersehen, dass auch die sûtra's 1, 29, 30 und 55 vielleicht zur Zeit der Çikshâ noch nicht dem Texte angehörten. In der Çikshâ fehlen sie, doch ist es sehr wohl möglich, dass der Verfasser sie für unwesentlich hielt.

2) Auch die Ausdrücke *ucca* (oft) für *udâtta*, *nîca* (oft) für *anudâtta*, *yama* (208), *pravaṇa* (210), *svâra* (oft) für *svarita*, *dhṛta* (203) für *pracaya* werden nicht definiert; doch zeigt das Prâtiçâkhya in diesen Fällen denselben Mangel, da es die fraglichen Termini ebenfalls ohne weiteres verwendet (23, 20; 19, 1; 19, 3; 1, 47; 17, 6; 20, 8; 18, 3 *dhṛtapracaya*).

3) Z. B. *ḷtvam*, *etvam* 2, *otvam*, *aitvam* 174, *autvam* 175. Einmal (190) kommt auch *ah* als Bezeichnung des kurzen *a*-Vokals vor, sicher nur dem Verse zu Liebe gewählt.

4) In 120 zweimal sogar *anta*, das aber vielleicht nur verderbt ist.

finden wir wiederum an anderen Stellen **Weitschweifigkeit** und sogar wirklich **Überflüssiges**. Dass der Stil der Çikshâ, wenn er auch im Grunde auf dem sûtrastil beruht, doch an Knappheit weit hinter demselben zurücksteht, ist von vornherein zu erwarten. Die metrische Verarbeitung des spröden Materials fester, gegebener Formen machte natürlich kleine Wiederholungen [1]), Hinzufügungen von Wörtern wie *smṛta*, *jñeya*, *udîrita*, *prakîrtita* u. a., die häufig noch mit dem Zusatze *budhaiḥ* u. ähnl. versehen werden, und vor allem den Gebrauch zahlreicher kleiner Flickwörter wie *ca*, *eva*, *api*, *hi*, *tu*, *iti*, *yathâ*, *tathâ*, *yatra*, *yadi*, *cet*, *â* u. s. w. unerlässlich. Man kann behaupten, dass unsere Çikshâ in dieser Hinsicht immer noch um ein Bedeutendes vor anderen Werken ihrer Gattung hervorragt; allein an mancher Stelle führt doch auch bei ihr diese Überladenheit der Sprache zur Undeutlichkeit [2]), und besonders das Hineinziehen jener Flickwörter in das Kompositum wirkt störend. Ich nenne als Beispiele dafür nur die Regeln 73: *viçvâ râḍvasumitrâpisâhahâpusharatparaḥ*, 161: . . . *agre'lamcâditiḥparaḥ*, 188: . . . *jajñevâ.cshaevacapatirvaḥ* . . . *vṛshṇovacastathâvarshishṭhe* . . . *yorudraḥpûrva ity api*, in denen *api*, *ca*, *eva ca*, *tathâ* allein den Zweck haben, den Vers zu füllen. Aus demselben Grunde finden wir bisweilen auch kleine, für die Sache gleichgültige Zusätze zu den Regeln des Prâtiçâkhya gemacht. So enthält die Regel 195, die im Übrigen genau den Inhalt von sûtra 12, 8 wiedergiebt, am Schlusse noch die Bemerkung, dass *a* nach keinen anderen als den in der Regel genannten pragrahawörtern verloren gehe:

âyo'dhvaryokrato'dhaç cen nânyapragrahapûrvakaḥ.

Das sûtra 12, 1 ist in der Çikshâ (190) durch den völlig selbstverständlichen Zusatz bereichert, dass die folgenden Regeln nur innerhalb der in 179 (Pr. 11, 3) genannten Abschnitte Anwendung finden (*athaitadvishayeshv ekam eñ a itas tu*). Ein gutes Beispiel dafür, zu welcher Breite bisweilen die Versnot gezwungen hat, ist Regel 8:

gajaḍâdyâ dabâdyâç ca ghoshavantaḥ pare halaḥ.

Eine kurze Angabe in der Art des Prâtiçâkhya: *vyañjanaçesho ghoshavân* (1, 14), hätte genügt. Die Erklärung des Kommentars,

---

1) Z. B. 190 (Pr. 12, 2): *asîti ca*; 191 (Pr. 12, 3):

na garbhaççayamonaddhobhadraḥpûrvas tv asîti ca.

2) Z. B. 207:

yavatve hy uccayor yatra ivarṇokârayor yadi |
parataḥ svaryate nîcaḥ svaritaḥ kshaipra ucyate ||

die Absicht des Verfassers sei, viele Laute anzuführen und so die Reihenfolge im Alphabet deutlich zu machen, dürfte kaum befriedigen.

Zuweilen sind derartige auf den ersten Blick unberechtigte Erweiterungen allerdings wohl wirklich der Absicht entsprungen, auf gewisse ausserhalb der eigentlichen Regel liegende Dinge aufmerksam zu machen[1]). Wenn in 255 die Verdopplung eines *y* nach *î* und *ai* verboten wird, obwohl keine der vorausgehnden Regeln sie irgendwie erforderlich macht, so muss das, wie auch der Kommentar angiebt, geschehen sein, um einem oft vorkommenden Fehler der Aussprache vorzubeugen. In Pr. 10, 13 wird das Fehlen des sandhi nach *dhâ*, *pâ* und *budhniyâ* vorgeschrieben; in der Çikshâ (176) werden die Wörter mit ihren nimitta's citiert: *svadhâ*, *prapâ* und *pra budhniyâ*. Hier hat der Kommentar sicherlich recht, wenn er erklärt, dass der Verfasser mehr als nötig gegeben habe, um anzudeuten, dass die zum Teil in unmittelbarer Nähe stehnden *dhâḥ*, *vratapâḥ*, *budhniyâḥ* u. ähnl. nicht vokalischen Ausgang hätten. Ebenso soll nach dem Kommentar die in Pr. 5, 15 fehlende Angabe, dass *syaḥ* den udâtta tragen müsse, wenn es der Regel über den Abfall des auslautenden visarga unterliegen solle (109), daran erinnern, dass es auch ein unbetontes vokalisch auslautendes *sya* (1, 2, 3[3]) gebe. Unnötig ist, genau genommen, die Vorschrift in 57, dass eine kurze Silbe auch die verlängerte, also z. B. *atha* auch das in der saṁhitâ erscheinende *athâ* bezeichne, da die Verlängerung eine Veränderung ist, und schon nach Regel 56 (Pr. 1, 51) jedes Wort zugleich auch das veränderte bezeichnet. Indessen erschien in diesem Falle doch wohl der ausdrückliche Hinweis darauf erwünscht, weil das Prâtiçâkhya hierin nicht mit der Çikshâ übereinstimmt.

Eigentümlich ist die besondere Behandlung, die der visarga und die ihm nah verwandten Laute, der jihvâmûlîya und der upadhmânîya in der Çikshâ erfährt. In 158 wird gelehrt, dass der visarga vor tonlosem gutturalen und labialen sparça zum jihvâmûlîya bezugsweise zum upadhmânîya werde, obwohl diese Verwandlung schon nach der allgemeinen Regel 157 (Pr. 9, 2) eintreten muss, nach der der visarga vor tonlosen Lauten zum

---

1) Auch der Gebrauch des Duals *varṇau* in Regel 2 ist offenbar in dieser Absicht erfolgt. Nach Regel 13 bezeichnet *varṇa*, an einen Vokal gefügt, alle Quantitäten desselben, und es ist infolgedessen nur der Singular statthaft. Nach dem Kommentar soll aber der Dual in der erwähnten Stelle andeuten, dass die plutastufe beim *r*-Vokale nicht vorkomme.

ûshman der gleichen Artikulationsstelle wird, und das Prâtiçâkhya daher keine besondere Vorschrift für den visarga in den genannten Lagen aufstellt. In 266 wird gelehrt, dass der visarga zur vorausgehnden Silbe zu rechnen sei. Das ergiebt sich aber schon aus der Regel, dass der erste Konsonant einer Gruppe zur vorausgehnden Silbe gehört (ebenda; Pr. 21, 4) und wird im Prâtiçâkhya daher mit Recht mit Stillschweigen übergangen. Regel 321 enthält die Angabe, dass die Pause zwischen einem visarga und einem folgenden *ksh* eine halbe More lang sei, was wiederum schon aus der allgemeinen Regel 322 erhellt, nach der jede Pause vor einer Konsonantenverbindung eine halbe More misst[1]). Der Kommentar bemerkt, dass der visarga in 266 ausdrücklich erwähnt werde, weil er kein eigentlicher Konsonant sei[2]), ein Grund, der sich natürlich auch für den jihvâmûlîya und den upadhmânîya in 158 anführen lässt, und dass die Regel 322 gegeben sei, weil sich leicht zwischen dem visarga und *ksh* eine längere als die vorgeschriebene Pause einstelle. Da hier absichtliche Zusätze vorliegen müssen, so werden wir diese Erklärungen kaum bezweifeln dürfen[3]).

Einmal ist auch eine Regel mit Rücksicht auf die allgemeine Grammatik hinzugefügt: in 120 wird der Übergang eines Dentals in den Lingual vor folgendem Lingual gelehrt, obwohl die saṁhitâ kein mit einem Lingual anlautendes Wort aufzuweisen hat, und die Regel daher ausserhalb der eigentlichen Sphäre des Werkes liegt. Eine ähnliche Überschreitung der einmal gezogenen Grenzen lässt sich der Verfasser zu Schulden kommen, wenn er in einer besonderen Regel (246) hervorhebt, dass eine im Wortinlaut zwischen zwei Vokalen zu Tage tretende Konsonantenverdopplung, die durch die grammatische Form des Wortes bedingt ist, in der Çikshâ nicht gelehrt werde. Was ihn zu dieser Bemerkung überhaupt veranlasst hat, weiss ich nicht zu sagen.

Die relativ meisten Mängel, ja sogar wirkliche Fehler weist übrigens der Abschnitt von der Verlängerung eines an- oder auslau-

1) Im Prâtiçâkhya fehlen diese Regeln.

2) *vyañjanagauṇatvât.* Die gleiche Behandlung wie der visarga erfährt in 266 übrigens auch der anusvâra; indessen war hierin das Prâtiçâkhya (21, 6) schon vorangegangen. Die Erklärung, die der Kommentar dafür giebt, ist ebenfalls dieselbe.

3) Anders liegt die Sache, wenn in 320 der visarga, in 309 der visarga und die aus ihm entstandenen Laute (*visargaja*, d. h. der jihvâmûlîya und der upadhmânîya) neben den Konsonanten aufgeführt werden, da die letzteren in den Regeln als *hal* bezeichnet werden, und, wie auch der Kommentar zu 320 bemerkt, dieser Terminus jene Laute nicht umfasst.

tenden Vokals (65—104) auf. Es erklärt sich das daraus, dass der Verfasser hier, wie schon S. 70 bemerkt, kein direktes Vorbild im Prâtiçâkhya hatte, sondern selbständig arbeiten musste. Zunächst macht sich eine ganz unnötige Breite der Darstellung geltend. Durch die beiden in den adhikâra (65) aufgenommenen Bestimmungen, dass die Verlängerung nur im ṛshitexte und vor einem Konsonanten eintrete, ist die Aufführung der einzelnen nimitta's grösstenteils überflüssig gemacht, da die meisten der ihren Auslaut verlängernden Wörter mit kurzem Auslaut in der saṁhitâ überhaupt nicht erscheinen [1]). Wenn trotzdem in jedem Falle das dem zu verlängernden Worte folgende oder vorausgehnde Wort angegeben wird, so kann man darin nur eine ungenügende Durcharbeitung des Stoffes erblicken; der Verfasser hat sich nicht die Mühe gegeben, die zu specificierenden Wörter von den übrigen zu sondern. Dazu kommen allerlei Ungenauigkeiten im einzelnen. In 78 wird gelehrt, dass *atha* in einer ṛc vor *te s* verlängert werde, obwohl die eine von beiden Bestimmungen schon ausreichend gewesen wäre. Ebenso überflüssig ist die Beschränkung in Regel 66, dass die Verlängerung in den Lautkomplexen *vyâna* und *udâna* [2]) nur eintreten dürfe, wenn ein Nominalsuffix folge. Nach dem Kommentar hat der Verfasser damit andeuten wollen, dass in Stellen wie *vyânaçuḥ* (5, 7, 7[3]), *vyânaṭ* (4, 2, 10[4]) u. a. überall, auch im padapâṭha, der lange Vokal erscheine. Direkt übersehen sind zwei Stellen in 77 und 97. In 77 fehlt die Vorschrift der Verlängerung für *anu* vor *bandhyâ* (*anûbandhyâ* 2, 2, 9[7]), in 97 die gleiche für *bhaja* vor *vasûni* (*bhajâ vasûni* 3, 3, 9[2]). Einen dritten Fall gewährt vielleicht Regel 71. Dort wird die Verlängerung von *sva* vor *ruham* gelehrt, obwohl sie in 1, 6, 12[2] auch vor *ruhaḥ* eintritt. Da aber die Änderung von *ruhaṁ* zu *ruha* sehr leicht ist und das Eindringen des anusvâra durch das im Kommentar angeführte Beispiel *atho svâruham evainâm* (6, 2, 10[4]) begünstigt sein kann, so habe ich es hier vorgezogen, die Handschriften zu verbessern.

Wichtiger als die bisher besprochenen Verschiedenheiten, die uns nicht viel mehr als das technische Können des Çikshâverfassers und die ganze Art seines Arbeitens erkennen lassen, sind diejenigen, die uns zeigen, in welcher Weise sich die Çikshâwissen-

1) Bei einem Worte wie *ava* war die Specialisierung „vor *naḥ*“ (89) natürlich notwendig, da sonst die Verlängerung z. B. auch in der Stelle *ava te heḍo varuṇa* (1, 5, 11[3]) eintreten würde.

2) So steht in der Regel, wiewohl man *vyan* und *udan* erwartet.

schaft seit der Zeit des Prâtiçâkhya entwickelt hatte. Denn so eng sich auch der Çikshâverfasser an seine Vorlage anschliesst, so hat er sich doch nirgends gescheut, wo es nötig war, seine eigene Meinung geltend zu machen, und in vielen Fällen stehn seine Regeln sogar in schroffem Gegensatze zu denen des Prâtiçâkhya, indem sie Lehren enthalten, die das Prâtiçâkhya ausdrücklich als fremde bezeichnet. Wir haben schon gesehen, dass die Çikshâ in 167 die Ansicht des Sâṁkṛtya vertritt, nach der ein auslautendes *v* vor einem Vokal, wenn ein *a*-Vokal vorausgeht, erhalten bleibt, während das Prâtiçâkhya in 10, 19 den Abfall des *v* fordert, und dass sie in 210 ff. den kampa anerkennt, den das Prâtiçâkhya in 19, 3 nur der Lehre „einiger“ zuweist. Noch in einem andern Punkte der Accentlehre hat die Çikshâ eine vom Prâtiçâkhya nicht gebilligte Ansicht acceptiert. Das letztere schreibt in 19, 1 die vikramaeigenschaft nur einem anudâtta zu, der zwischen udâtta- und svaritasilben steht, und bemerkt im folgenden, dass Kauṇḍinya sie auch in dem Falle eintreten lasse, dass ein pracaya vorausgeht. Die Regel der Çikshâ (204) stimmt mit des letzteren Lehre überein. Ferner wird in Pr. 18, 1 angegeben, dass einige das *o* in der heiligen Silbe *om* mit einer Quantität von zwei und einer halben More sprechen; nach der Ansicht des Verfassers des Prâtiçâkhya überschreitet also die Quantität des Vokals auch in diesem Falle nicht das gewöhnliche Mass. Die Çikshâ aber schreibt in 335 ebenfalls zwei und eine halbe More vor [1]). In Pr. 14, 2 wird bemerkt, dass nach der Lehre des Paushkarasâdi ein sparça nach *l* und *v* verdoppelt werde. Im folgenden sûtra wird dann hinzugefügt, dass nach einigen Lehrern in diesem Falle nur der sparça verdoppelt werde, nicht auch das *l* und das *v*. Da beide Regeln nicht schlechthin als die Meinung des Verfassers selbst gegeben werden, so könnten sie von vornherein ganz wohl beide als nicht acceptiert angesehen werden. Allein, da in 14, 7 der Einschub des nichtaspirierten sparça vor den aspirierten nach *l* [2]) ohne irgend welche Beschränkung gelehrt wird, und diese Erscheinung der Verdopplung ganz parallel geht und nicht von ihr zu trennen ist, so muss, wie schon Whitney in seiner Note zu 14, 7 geschlossen hat, der Verfasser die Verdopplung des sparça hinter *l* und *v* selbst anerkannt und Paushkarasâdi nur als den Be-

---

1) Welchen Accent der Verfasser bei *om* wissen wollte, lässt sich aus den Angaben in 18, 2—7 nicht recht ersehen. Die Çikshâ stimmt mit der Ansicht des Vâlmîki überein, indem sie in 336 im allgemeinen den udâtta lehrt.

2) Nach *v* kommen natürlich nur die nasalen *ṇ* und *n* vor.

gründer der Lehre honoris causa genannt haben. Whitney geht aber weiter und behauptet in den Noten zu 14, 3 und 7, dass 14, 7 auch beweise, dass die in 14, 3 gemachte Einschränkung vom Verfasser des Prâtiçâkhya gebilligt werde. Ich sehe nicht ein, was in der Regel 14, 7 uns zu einer solchen Annahme verpflichten könnte; ich halte es vielmehr für sicher, dass der Verfasser jene Einschränkung verwarf, da es in der Tat, wie Whitney selbst bemerkt, sehr seltsam sein würde, wenn er eine Lehre, die er selbst billigt, nur als das Dictum „einiger Lehrer" bezeichnen würde. Er wird also *kallppân, vibhûdâvrnne, pragallbhaḥ* u. s. w. gesprochen haben. Die Çikshâ dagegen verbietet in 256. 257 ausdrücklich die Verdopplung des *l* und des *v* vor einem sparça. Die Çikshâ verbietet ferner in 256 die Verdopplung eines ûshman, dem ein erster sparça folgt. Dasselbe Verbot findet sich im Prâtiçâkhya in 14, 17[1]) mit dem Vermerke, dass es der Lehre des Plâkshi und Plâkshâyaṇa angehöre. Der Prâtiçâkhyaverfasser war aber offenbar in diesem Punkte anderer Ansicht, da er in 14, 15 ausdrücklich den jihvâmûlîya und den upadhmânîya von der Verdopplung ausschliesst, was überflüssig sein würde, da beide Fälle auch unter Regel 14, 17 gehören, und ausserdem in 21, 16 das Eintreten der svarabhakti vor einem ûshman verbietet, wenn derselbe vor einem ersten sparça verdoppelt ist. Auch das Verbot der Verdopplung eines *l*, dem *h*, *ç* oder *v* folgen, wird im Prâtiçâkhya in 14, 26 nur als die Lehre einiger angeführt. Die Çikshâ vertritt aber die Ansicht der letzteren, soweit es sich um die Verbindungen *lh* und *lç* handelt, da sie in 257 die Verdopplung eines *l* vor einem ûshman[2]) verbietet. Nach der Çikshâregel 169 wird die Nasalierung eines Vokals durch den Einschub eines anusvâra hinter den Vokal hervorgerufen, während sie im Prâtiçâkhya in 15, 1 als eine wirkliche Nasalierung bezeichnet wird, und die Auffassung der Çikshâ in

1) Ich stimme in der Erklärung dieser Regel mit Whitney überein, der in den Nachträgen und Verbesserungen S. 469 darauf hinweist, dass sie in Wirklichkeit die Verdopplung vor jedem sparça verbiete, da zwischen dem ûshman und dem zweiten oder letzten sparça nach Pr. 14, 9 (Ç. 249) ein erster sparça eingeschoben wird. (Für Plâkshi und Plâkshâyaṇa selbst würde sich die Sache allerdings etwas anders stellen, da nach Pr. 14, 10. 11 der eine den Einschub nur vor tonlosem, der andere nur vor dem letzten sparça gestattete). Das Vedataijasa ist indessen anderer Ansicht, wie aus den Gegenbeispielen *vâyava stha* (1, 1, 1), *pratishṭhâ vai* (5, 2, 3[6]), *adarçma jyotiḥ* (3, 2, 5[4]) hervorgeht. Es hat also die Erklärung angenommen, die sich in den südlichen Handschriften des Tribhâshyaratna findet (s. Whitney S. 303).

2) Die Verbindungen *lsh* und *ls* kommen in der saṁhitâ nicht vor.

15, 2. 3 nur als die Ansicht einzelner erwähnt wird[1]). Endlich will ich hier darauf hinweisen, dass der Ausdruck yama für den zwischen nichtnasalem und nasalem sparça eintretenden Nasallaut, der nach Pr. 21, 13 nur bei „einigen“ üblich war, in der Çikshâ, wie Regel 251 zeigt, angenommen worden ist.

Die meisten der angeführten Verschiedenheiten beruhen auf einer Verschiedenheit in der Beobachtung sprachlicher Erscheinungen; diese muss also in der Zeit, die zwischen dem Prâtiçâkhya und der Çikshâ liegt, besonders gepflegt worden sein[2]). Es wurden dabei, wie wir gesehen, eine Reihe von älteren Beobachtungen, die zur Zeit des Prâtiçâkhya noch nicht allgemeine Anerkennung gefunden hatten, bestätigt; weit grösser aber ist die Zahl der Fälle, wo ein eingehenderes Studium zu neuen Resultaten führte oder frühere Lehrsätze modificierte. Wie sehr sich die Beobachtung verfeinert hatte, zeigen am besten die Regeln über die svarabhakti. Das Prâtiçâkhya erkennt sie nur bei der Verbindung eines *r* mit einem ûshman an, wofern dieser nicht vor einem ersten sparça[3]) verdoppelt ist (21, 15. 16). In der Çikshâ (271) ist ihr Gebiet einerseits erweitert, dadurch dass sie auch beim Zusammentreffen eines *l* mit einem ûshman gelehrt wird, andererseits beschränkt, da in allen Fällen das Folgen eines Vokals nach dem Zischlaut zur Bedingung ihres Eintretens gemacht wird. Über die Aussprache hat das Prâtiçâkhya nur eine ganz allgemein gehaltene Bestimmung (2, 19), die nicht einmal als eigene Meinung, sondern nur als die „einiger“ angeführt wird. Die Çikshâ beschreibt in 272 genau die Natur der svarabhakti; es werden, je nach der Umgebung, zwei Arten, eine geschlossene und eine offene,

1) In andern Fällen erkennt aber das Prâtiçâkhya den anusvâra an; vgl. S. 57 Note 1. In Betreff der Nasalierung eines auslautenden pluta-*a* vgl. die Bemerkung ebenda.

2) Freilich beruht diese Ansicht auf der Voraussetzung, dass jene Regeln über Verdopplung, Einschub, svarabhakti u. s. w. wirklich einen realen Hintergrund haben und nicht bloss müssige Hirngespinste sind. Whitney scheint, nach gelegentlichen Äusserungen zu urteilen (z. B. S. 303: one must not expect to see the reason of anything whatever, general rule or particular exception, in this doctrine of duplications), das letztere für richtig zu halten. Allein das, was sich hauptsächlich dafür anführen lässt, die zuweilen vorkommenden Inkonsequenzen und Widersprüche, findet meiner Ansicht nach in der Schwierigkeit des Stoffes und in Unvollkommenheiten in der Beobachtung genügende Erklärung. Dass hin und wieder, namentlich bei den Späteren, auch einmal eine Angabe mit unterläuft, die rein der Speculation ihren Ursprung verdankt, soll damit nicht geleugnet werden.

3) D. h. soviel, wie vor jedem sparça; s. S. 85 Note 1.

unterschieden (273. 274); der Accent der svarabhakti wird in 224—226 ausführlich behandelt. Was die Silbenzugehörigkeit betrifft, so hat das Prâtiçâkhya nur die kurze Angabe, dass die svarabhakti zur vorausgehnden Silbe gehöre (21, 6). Die Çikshâ giebt diese Regel in 266 wieder, doch fügt sie in 268 eine Ausnahmebestimmung hinzu und schreibt unter gewissen Umständen der svarabhakti sogar Selbständigkeit zu (276. 277). Von den eng mit den svarabhaktiregeln verbundenen Regeln über ein vor *r* stehndes *r*, die sich auf Accentuation (224) und Silbenzugehörigkeit (265. 268) beziehen, hat das Prâtiçâkhya überhaupt nichts.

Auch die Verdopplungsregeln enthalten einiges Neue. In Pr. 14, 4 wird die Verdopplung eines Konsonanten nach *r* ohne irgendwelche Bedingungen gelehrt, die Çikshâ gestattet sie nach Regel 241 in Übereinstimmung mit Pâṇini (8, 4, 46) und dem Vâjasaneyi-Prâtiçâkhya (4, 98. 102) nur dann, wenn dem *r* ein Vokal vorhergeht. Nach Ç. 243 erfährt, wenn ein anusvâra mit vorausgehndem kurzen Vokal vor einer Konsonantengruppe steht, sowohl der anusvâra als auch der erste Konsonant der Gruppe Verdopplung. Dagegen wird in Ç. 259 die Verdopplung eines auslautenden *ṅ* und eines *n* vor *y*, *v* und *h* verboten[1]). Beide Regeln fehlen im Prâtiçâkhya. Was den Einschub der sogenannten yama's betrifft, so schreibt ihn das Prâtiçâkhya in 21, 12 nach jedem nichtnasalen sparça vor, während die Çikshâ in 251 einen erst sekundär aus einem ûshman entstandenen sparça, also ein aus *ç* hervorgegangenes *ch*, von der Regel ausschliesst. Auch in Betreff der Silbenzugehörigkeit wird für ein solches *ch* in Ç. 267 eine besondere Regel gegeben: es soll auch vor folgendem Konsonanten zur folgenden Silbe gehören, während es nach der allgemeinen Regel des Prâtiçâkhya 21, 5 (Ç. 266) in diesem Falle zur vorausgehnden Silbe gezogen werden müsste.

Von Einzelheiten aus der Lautlehre gehört ferner die Vorschrift hierher, dass der anusvâra im Yajurveda ausser vor den Wörtern *çântiḥ çâ(ntiḥ)* und *sarû(pam)* mit einem *g* ausgesprochen werde (170); vor den erwähnten Wörtern soll dem Kommentar zufolge der sogenannte „kevala" anusvâra eintreten, der sich nach der Çikshâregel 123 aus einem *m* vor den Verbindungen *jñ* und *ghn* entwickelt. Er unterscheidet sich von dem gewöhnlichen anusvâra dadurch, dass er immer zwei Moren misst und von den gewöhnlichen Eigenschaften des anusvâra, d. h. nach der Erklärung des

1) Weiteres in betreff der Verdopplung dieser Laute s. S. 89 Note 3.

Kommentars, von der Verbindung mit *g* in der Aussprache und der Fähigkeit, verdoppelt zu werden oder eine Verdopplung zu veranlassen, frei ist [1]). Das Prâtiçâkhya hat von diesen Angaben nichts. Ebenso fehlen dort die Regeln über die Aussprache der nâda's (253), über die Unverbundenheit eines auslautenden *n* mit gewissen folgenden Lauten (260), über die Selbständigkeit besonders accentuierter Laute (277). In 21, 14 schreibt das Prâtiçâkhya vor, dass hinter einem *h*, dem *ṇ*, *n* oder *m* folgen, ein nâsikya eingeschoben werde, während die Çikshâ in diesem Falle, wie aus Regel 298 hervorgeht, das *h* selbst als nasal betrachtet. Die Abweichung in der Regel über den Schwund eines visarga vor einer mit *ç*, *sh* oder *s* beginnenden Konsonantenverbindung (Pr. 9, 1 Ç. 156) ist schon S. 57 besprochen [2]).

Was die Accentlehre betrifft, so herrscht besonders in der Beurteilung der Stärke der Aussprache bei den verschiedenen svarita's eine erhebliche Verschiedenheit zwischen Prâtiçâkhya und Çikshâ, wie ein Vergleich der sûtra's 20, 9—12 mit den folgenden Regeln der Çikshâ zeigt:

nityo 'tyuccanîcaḥ kshaipras tatsamo nyûnataḥ paraḥ ‖ 220 ‖
dṛḍhataraḥ prayatnaḥ syâu nitye kshaipre ca vâ dṛḍhaḥ ‖ 221 ‖
praçlishṭe câbhinihate mṛdutâ svalpatânyataḥ ‖ 222 ‖

Neu hinzugekommen sind in der Çikshâ die Regeln über die Lage des svarita (227. 228) und die Behandlung desselben vor einem nâda und anusvâra (223). Ebenso muss hierher wohl die Regel gerechnet werden, dass der vikrama „atiprayatna“ sei (204). Allerdings giebt auch das Prâtiçâkhya in 17, 6 an, dass nach der Lehre des Paushkarasâdi der vikrama „dṛḍhaprayatnatara“ sei; ich bin aber weder im stande, zu entscheiden, ob diese Lehre vom

---

1) Die Regel über den kevala anusvâra bezieht sich also doch nicht bloss äusserlich auf die Schreibung, wie Franke, Sarvasaṁmataçikshâ S. 31 meint.

2) Ich bin, wie Whitney, der Ansicht, dass Pr. 9, 1 die Meinung des Verfassers selbst enthält und Kâṇḍamâyana nur als Autorität citiert wird, wenn ich auch den bestimmten Beweis dafür nicht zu liefern vermag. Andere Unterschiede gewähren vielleicht die sûtra's 14, 19—22. Der Kommentar erklärt sie zwar für Lehren des Hârîta, indem er immer *Hârîtasya* aus 14, 17 ergänzt. Es ist aber sehr wohl möglich, daß wenigstens die beiden letzten die Ansicht des Prâtiçâkhya selbst enthalten, da 14, 21 jede Anknüpfung an 14, 17 vermissen lässt. In der Çikshâ sind alle diese Regeln nicht acceptiert. In Betreff der Regeln über die Palatalisierung eines *n* nach *ç* (248) und den Einschub eines *k* und *g* zwischen *n* und *t* bezugsweise *dh* (250) s. die Bemerkungen S. 53 und 56 Note 2.

Verfasser des Prâtiçâkhya gebilligt wurde oder nicht, noch auch ihr Verhältnis zu der Regel der Çikshâ festzustellen[1]).

Auch Abweichungen in der Auffassung eines sprachlichen Vorgangs und in den Grundanschauungen kommen vor. Das Prâtiçâkhya erklärt in 10, 14; 11, 1 ff. das Nichterscheinen eines aus- oder anlautenden *a* vor bezugsweise nach einem *e* und *o* durch den Schwund des *a*; die Çikshâ sieht in dem Vorgang, in Übereinstimmung mit der allgemeinen Lehre, eine Verschmelzung der beiden Laute zu einem einzigen (177. 178 ff.)[2]). Das Prâtiçâkhya lehrt die Verdopplung eines auslautenden *ṅ* oder *n* nach kurzem Vokale, wenn ihnen ein Vokal folgt, unter den Veränderungen, die bei der Bildung der saṁhitâ eintreten (9, 18. 19); in der Çikshâ finden wir die entsprechende Regel (242) unter den Verdopplungsregeln des varṇakrama[3]). Das Prâtiçâkhya betrachtet, wie aus

---

1) Gegen die Identität spricht der Umstand, dass das Tribhâshyaratna sie als „anishṭa" bezeichnet (s. unten). Wenn das Vedataijasa das *atiprayatnaḥ* der Çikshâ durch *dṛḍhaprayatnaḥ* erklärt, das Tribhâshyaratna das *dṛḍhaprayatnataraḥ* aber durch *atiçayena dṛḍhaprayatnaḥ*, so scheint es, dass, wenigstens für die Kommentatoren, der Ausdruck des sûtra einen stärkeren Grad bezeichnet. Übrigens glaube ich nicht wie Whitney (S. 360), dass der vikrama für das Taittirîya-prâtiçâkhya nichts weiter als eine Name ist; warum sollte ein besonderer Terminus gelehrt sein, wenn keine Besonderheit in der Sache vorhanden war?

2) Durch diese Änderung hat die Çikshâ zugleich zwei Regeln, die das Prâtiçâkhya in 12, 10 und 11 giebt, gespart, denn die dort vorgeschriebenen Accentveränderungen kommen nun schon nach der allgemeinen Regel Ç. 205 Pr. 10, 10 zu stande.

3) In bezug auf die Verdopplung selbst enthält die Regel aber keine Verschiedenheit, wie Franke, Sarvasaṁmataçikshâ S. 6 ff. glaubt. Die Çikshâregel, die sich zum Teil wörtlich in Sarvasaṁmataç. 4 wiederfindet, lautet:

hrasvâd antau ṅaṅau dvitvam âpnuto hy acparâv api.

Es wird hier, wie der Kommentator erklärt, durch das *api* angedeutet, dass auslautendes *ṅ* und *n* auch vor einem Konsonanten nach der allgemeinen Regel (239) verdoppelt werde. Dass diese Erklärung sachlich richtig ist, geht aus Regel 259 (Sarvasaṁmataç. 17) hervor, die die Verdopplung vor folgendem *y*, *r*, *h* verbietet; dieses Verbot setzt natürlich eine nach der allgemeinen Regel eintretende Verdopplung voraus. Franke behauptet nun, dass das Prâtiçâkhya in diesem Punkte abweiche, da es in 14, 28 ausdrücklich die Verdopplung eines ursprünglichen finalen sparça vor Konsonanten verbiete. Er hat dabei aber übersehen, dass diese Regel unter dem adhikâra 14, 25 *athaikeshâm âcâryâṇâm* steht, also nicht die vom Prâtiçâkhya selbst vertretene Ansicht enthält. (Dass der Kommentator den adhikâra nur bis 14, 27 gelten lässt, hat nur in der falschen Interpretation, die er von 14, 28 giebt, seinen Grund). Franke beruft sich ferner auf das vom Kommentar unter 9, 19 angeführte Gegenbeispiel *niravapan yâni* (2, 4, 1[2]); die Ausnahmeregel der Çikshâ über *n* vor *y* könne natürlich hier nicht in Betracht kommen. Das letztere ist unrichtig. Wir werden später sehen, dass der Verfasser des Tribhâshyaratna

den sûtra's 1, 38—40 hervorgeht, udâtta, anudâtta und svarita als die Grundaccente; die Çikshâ stellt, wie die Regeln 198—202 zeigen, den pracaya mit den drei übrigen auf eine Stufe[1]).

Ein Gebiet, das im Prâtiçâkhya noch ganz unbearbeitet ist, während sich die Çikshâ sehr eingehnd mit ihm beschäftigt, ist das Kapitel von der Quantität der Laute. Das Prâtiçâkhya giebt

---

die Lehre der Çikshâ's genau kannte, und dass er gerade eine Stelle gewählt hat, wo die Verdopplung nach der späteren Lehre verboten ist, zeigt uns, was wir übrigens schon aus der Erklärung von 14, 28 wissen, dass dies auch hier der Fall war. Auf jenes Gegenbeispiel ist daher nicht das Mindeste zu geben. Auch das, was Franke aus den übrigen Prâtiçâkhya's zu Gunsten seiner Ansicht anführt, ist nicht beweiskräftig. Im Ṛk- und Vâjasaneyi-Prâtiçâkhya tritt die Verdopplung vor Konsonanten nach den allgemeinen Regeln (Ṛk-Pr. 6, 1; Vâj.-Pr. 4, 97) ein, die dagegen von Franke geltend gemachten Regeln, Ṛk-Pr. 6, 2 und Vâj.-Pr. 4, 114 lehren das Verbot der Verdopplung doch, wie ja Franke selbst angiebt, nur für einen in der Pause, nicht aber für einen im Wortauslaut stehnden Konsonanten. Dass ferner in Vâj.-Pr. 4, 104 (*ṅnau ced dhrasvapûrvau svare padântau*) kein *ca* oder *api* steht, um das Fortgelten der allgemeinen Bestimmung 4, 97 anzudeuten, kann durchaus nicht zu dem Schlusse berechtigen, dass die allgemeine Bestimmung für *ṅ* und *n* aufgehoben sei; die Regeln haben einen ganz verschiedenen Wirkungskreis, und die eine kann daher nicht die andere ausschliessen. Was endlich das Atharva-Prâtiçâkhya betrifft, so spricht gegen die Annahme, dass es ebenso wie seine Genossen verfährt, nur das unter 3, 27 von dem Kommentator angeführte Beispiel für die Nichtverdopplung *udaṅ jâtaḥ* (5, 4, 8). Allein Franke bemerkt selbst, dass in dem vorausgehnden sûtra (3, 26) gerade die Verdopplung eines Konsonanten am Ende eines Wortes gelehrt werde, und dass daher die auslautenden *ṅ* und *n* „stillschweigend" von dieser Regel ausgenommen sein müssten. Ich glaube, dass wir unter diesen Umständen besser tun, das Beispiel des Kommentars für fehlerhaft anzusehen. Jedenfalls giebt das Taittirîya-, das Ṛk- und das Vâjasaneyi-Prâtiçâkhya auch nicht den geringsten Grund, zu bezweifeln, dass sie *ṅ* und *n* vor Konsonanten ebenso wie die Çikshâ verdoppelten.

1) Der Unterschied in der Zahl der Vokale ist in den veränderten Verhältnissen bedingt. Die Çikshâ führt in Regel 2 neunzehn Vokale auf, während das Prâtiçâkhya in 1, 5 den Terminus nur für sechzehn Laute vorschreibt. Die Çikshâ rechnet nämlich als selbständige Vokale auch die beiden raṅga's und den Vokal von *om*, die ersteren jedenfalls wegen der ihnen innewohnenden Nasalität, den Vokal von *om* wegen seiner aussergewöhnlichen Quantität. Das Prâtiçâkhya aber konnte den letzteren gar nicht als besonderen Laut betrachten, da er nach seiner Lehre auch nur wie jeder andere Diphthong zwei Moren misst (vgl. S. 84), und was die raṅga's angeht, so kannte es den langen überhaupt nicht, weil er nur im Âraṇyaka vorkommt, und erkannte den pluta-raṅga wohl nicht an (vgl. S. 57 Note 1). Im ganzen zählt die Çikshâ nach 309 66 Laute; nach dem Kommentar zu Pr. 1, 1 sind es nur 60. Die Differenz erklärt sich durch die Hinzufügung des ebengenannten langen raṅga (den pluta-raṅga führt der Kommentar an) und des *om*-Vokals, des kevala anusvâra (vgl. S. 87) und der Zerlegung der svarabhakti in vier verschiedene Arten (vgl. S. 86).

fast nur die Grundbegriffe. Es lehrt in 1, 31—37, dass *ṛ*, *ḷ*, *a*, ein Vokal von gleicher Länge wie der letztere und der anusvâra kurz, ein doppelt so langer Laut lang, ein dreifach so langer pluta sei, und dass ein Konsonant halb so lang wie ein kurzer Vokal sei. Die Regeln über die Vokale und den Konsonanten kehren in der Çikshâ in 337[1]), 342 und 320 wieder; die Angaben über die Quantität des anusvâra sind hier aber viel specieller und fast völlig abweichend: er misst nach der Çikshâ vor einem Vokal 1¼, vor einem ûshman und vor *r* zwei und vor einer mit einem ûshman anlautenden Konsonantenverbindung eine More (324. 329. 330). Von Einzelheiten, soweit es sich um sprachliche Beobachtungen handelt[2]), wird im Prâtiçâkhya nur erwähnt, dass nach der Ansicht des alten Kauṇḍinya die Quantität eines Vokals vor einem aus *n* oder *m* entstandenen anusvâra um die Quantität eines Konsonanten, also um eine halbe More, vermehrt werde (17, 5), und dass die Pause bei einem Hiatus im allgemeinen eine More, bei einem Hiatus im Innern eines Wortes eine halbe More betrage (22, 13). Die erstere Regel fehlt in der Çikshâ, da die dort vorgetragene Ansicht nicht acceptiert ist; die Vorschrift über die Länge der Hiatpause findet sich aber in der Ç. in 323. 325 wieder, allerdings wieder stark verändert und specialisiert. Das Mass jener Pause beträgt darnach im Innern eines Wortes ¾ More, zwischen zwei verschiedenen Worten je nach der Natur und der Quantität der umgebenden Vokale ¼, ½, 1 oder 1¼ More. Ausserdem aber enthält die Çikshâ eine Menge der genauesten Bestimmungen über die Länge des Konsonanten vor einem andern (318), der svarabhakti, des visarga, des auslautenden *n* nach kurzem Vokal vor *y*, *v* oder *h*, des *v* vor einem sparça, des *l* in der Pause (320), des Konsonanten und des Vokals nach einer svaritasilbe (328), des *ṅ* und des *n* vor den Verbindungen *khs* und *ths* nach kurzem Vokal (331), des *ṅ* und des *n* vor nicht beständigem *kh* und *th* mit folgendem *sh* und vor *h* mit folgendem Konsonanten, wenn ein kurzer Vokal vorhergeht (332), des unverbundenen *n* nach langem Vokal, wenn *y*, *v* oder *h* folgt (333), des nâda nach kurzem Vokal und in andern Fällen (334), der Pause zwischen zwei Lauten ausser in der Konsonantenverbindung (319), zwischen einem visarga und *ksh* (321), vor einer Konsonantenverbindung (322),

---

1) Allerdings ist die Regel mir im Einzelnen unverständlich; auch der Kommentar hilft nicht weiter. Sie lautet:

aj ekadvitrimâtrâs trir eko dviç caikago dvigâḥ.

2) Über das sûtra 18, 1 und einiges aus 22, 13 s. unten.

beim dviroshṭhya, wenn *au* oder *v* an zweiter Stelle stehn (322), zwischen anusvâra und einem Vokal (325), nach *om*, wenn ein labialer sparça und wenn andere Laute folgen (326. 327), so dass wir über diesen Punkt wohl nirgends ausführlichere Belehrung finden können als hier. In der Çikshâ wird auch zum ersten Male der Versuch gemacht, durch den Vergleich mit Tierstimmen u. ähnl. die absolute Dauer der mâtrâ zu bestimmen (315—317).

Es ist wunderbar genug, dass in einem Abschnitte der Çikshâ, wo wir nach den bisherigen Erfahrungen mit Recht einen Fortschritt erwarten dürften, doch nur bedingt von einem solchen die Rede sein kann: in dem Abschnitte, in dem die Tätigkeit der Sprechorgane bei der Hervorbringung der Laute beschrieben wird. Zwar finden wir auch hier einige Regeln modificiert, andere neu hinzugefügt. Anstatt der fünf in Pr. 2, 3 genannten sthâna's werden in Çikshâ 283 deren zehn aufgezählt, indem Kopf und Mund genauer in kleinere Teile, den hinteren, mittleren und vorderen Teil der Mundhöhle (*vaktrâdimadhyânta*), das Ende und die Wurzel der Zähne, den Gaumen und die Lippen zerlegt werden. Ebenda findet sich die im Prâtiçâkhya fehlende Angabe, dass die karaṇa's unterhalb der sthâna's liegen [1]). In Ç. 282 wird gelehrt, aus welchem Materiale die yama's bestehn; das Prâtiçâkhya übergeht diesen Punkt. Das Prâtiçâkhya lehrt in 2, 45, dass bei den ûshman's die Mitte der karaṇa's nicht geschlossen sei. Whitney bemerkt, dass das nur ein Kunstgriff sei, um die allgemeine Regel, dass bei allen Konsonanten Berührung stattfinde, zu retten. Die Çikshâ hat sich hier von dem Banne des Systems befreit; sie lehrt in 294, dass der prayatna bei den ûshman's offen sei [2]). Ziemlich unwesentliche Abweichungen, die wohl kaum auf eine Verschiedenheit der Aussprache schliessen lassen, sind in den Regeln 290 und 291 enthalten. Nach 290 ist das sthâna des *r* der Gaumen, nach Pr. 2, 41 die Zahnwurzeln [3]). Nach 291 geschieht die Berührung der Zahnwurzeln beim *l* mit der Zungenspitze, nach Pr. 2, 42 mit der Mitte der Zungenspitze. Auch die Bestimmungen über die Stellung der Lippen beim *a*- und *u*-Laut stimmen nicht ganz überein; im ersteren Falle sind sie nach dem Prâtiçâkhya (2, 12) nicht zu nahe aneinander gebracht und nicht

---

1) Die karaṇa's sind nach dem Kommentar Unterlippe, untere Zahnreihe, Spitze, Mitte und Wurzel der Zunge.

2) Allerdings spricht sie andererseits in 295 von Berührung (*spṛshṭatâ*) bei Vokalen.

3) Ähnlich erklärt das Vedataijasa, die Çikshâregel ist aber ganz klar: madhyântâbhyâm ca tâlau ye rephe jihvâgramadhyataḥ.

zu weit getrennt, nach der Çikshâ (286) einfach geöffnet, im zweiten Falle nach dem Prâtiçâkhya (2, 24) genähert, nach der Çikshâ (284) lang, d. h. wohl zugespitzt. Zu Pr. 2, 46 Ç. 293, wo die Kehle als sthâna des *h* bezeichnet wird, werden in der Çikshâ zwei Ausnahmen gefügt: vor einem letzten sparça soll das *h* nasal sein (298. 301)[1]), vor einem Halbvokal in der Brust entstehn (299).

Sehr viel specieller sind in der Çikshâ die Angaben über die richtige Aussprache eines labialen Vokals, dem ein anderer labialer Vokal unmittelbar oder durch andere Laute getrennt, vorausgeht. Es werden in diesem Falle „dviroshṭhyau" vorgeschrieben, d. h. die Lippen, die sich bei der Aussprache des ersten Labials genähert oder zugespitzt hatten, sollen wieder vollständig in die gewöhnliche Lage zurückkehren und dann für die Hervorbringung des zweiten Labials aufs neue genähert oder zugespitzt werden. Das Prâtiçâkhya behandelt diesen Gegenstand in 2, 25, leider in ganz unklaren Ausdrücken. Es scheint als ob das sûtra nur die *u*-Vokale beträfe, und als ob das Prâtiçâkhya die hervorgehobene Aussprache des zweiten *u*-Vokals nur dann verlange, wenn die beiden *u*-Vokale durch den Zwischenraum einer More von einander getrennt sind. Die Çikshâ hat die Regel (310) auf alle labialen Vokale, *u*, *û*, *o* und in gewissen Fällen auch *au*, ausgedehnt und führt einzeln die Laute und Pausen auf, die zwischen den beiden labialen Vokalen stehn müssen. Für den Fall, dass *h* in Verbindung mit einem Konsonanten oder visarga[2]) mit folgendem *p* die trennenden Laute sind, wird noch eine besondere Tätigkeit der Sprachwerkzeuge vorgeschrieben (311), allerdings in mir nicht ganz verständlichen Worten[3]).

Dem Prâtiçâkhya unbekannt ist die wunderliche Regel 285 über das sthâna der alleinstehnden Vokale:

avyañjanasvarânâṁ ca âdau kaṇṭha itîritaḥ

und die Regeln über die Stärke der Berührung bei den alleinstehnden Vokalen (295)[4]), bei den sparça's (296), speciell den zweiten

---

1) Nach dem Prâtiçâkhya (21, 14) wird in diesem Falle ein nâsikya zwischen *h* und den Nasal eingeschoben.

2) Man erwartet *upadhmânîya*.

3) Die Regel lautet:
samyutaç caushṭhyamadhye ho visargâd uttaraç ca paḥ |
tâlubhyâṁ vâyum âpûrya mâṇḍûkoshṭhyaḥ paraḥ smṛtaḥ ||

4) Es soll *atyalpaspṛshṭatâ* stattfinden. Da natürlich bei Vokalen überhaupt nicht von einer eigentlichen Berührung die Rede sein kann, so muss *spṛshṭatâ* hier wohl im Sinne von *prayatna* genommen werden.

und vierten (297), und den übrigen Konsonanten (296), über die Stärke des prayatna bei einem sparça, dem ein zweiter sparça folgt (312), bei einem *m* in der Pause (312), bei dem zweiten Laute von zweien desselben varga in der Pause (313) und bei *om* in der Pause, wenn ein Laut der *p*-Reihe folgt (314).

Erhalten wir aus dem Vorstehnden den Eindruck, dass die Çikshâ auch hier sich bemüht habe, mehr und besseres als das Prâtiçâkhya zu bieten, so ändert sich die Sache mit einem Male, wenn wir z. B. die Çikshâregeln über die Hervorbringung der Vokale (284. 286. 287) einmal im Zusammenhange mit denen des Prâtiçâkhya (2, 12—18. 20—29) vergleichen. Sie lauten:

uvarṇaprakṛter oshṭhau dîrghau sta autparasya ca ‖ 284 ‖
oshṭhatâlv avarṇevarṇe vyastasaṁvṛtam aity api ‖ 286 ‖
auti caushṭhau sta oty alpâdhikâv ety oshṭhatâlu ca ‖ 287 ‖

Zunächst fällt uns die höchst mangelhafte Ausdrucksweise auf, die in diesen Regeln herrscht. Die Angaben über den *i*-Laut, das *e* und das *o* sind so unklar, dass mir ein Vergleich derselben mit den Regeln des Prâtiçâkhya im einzelnen überhaupt unmöglich ist. Aber auch abgesehen von diesem rein äusserlichen Fehler stehn die Regeln wegen ihrer Dürftigkeit weit hinter denen des Prâtiçâkhya zurück[1]). Über die Lage der Zunge (Pr. 2, 17. 18. 20. 22. 23) erfahren wir gar nichts, wir werden nur über die Stellung der Lippen und „Gaumen“[2]) unterrichtet. Auch die Regeln über die Stellung der Kinnbacken beim *a*-Laut (Pr. 2, 12), der Lippen beim *i*-Laut (Pr. 2, 21) fehlen. Was den prayatna bei den Vokalen betrifft, so wird in 294 gelehrt, dass er offen sei, ausser bei den *i*- und *u*-Lauten; wie er bei den letzteren selbst aber beschaffen ist, wird nirgends gesagt.

Bei den Konsonanten ist die Beschreibung zwar im allgemeinen ausführlicher; die Hervorbringung der sparça's wird aber auch hier wieder viel knapper als im Prâtiçâkhya beschrieben. Pr. 2, 35—39 ist durch die beiden Regeln 288. 289 wiedergegeben:

kavargâdishu jihvâdimadhyântoshṭhena copari ‖ 288 ‖
ṭavarge vaktramadhyena jihvâgreṇa yathâ spṛçet ‖ 289 ‖

Anstatt der Einzelaufführung der sthâna's wird hier also nur ge-

---

1) Dass hier Angaben über die *ṛ*- und *ḷ*-Vokale (Pr. 2, 18) fehlen, ist zu entschuldigen, da die Çikshâ sie, wie aus 272 hervorgeht, als Zusammensetzungen von $^1/_4$ *a*, $^1/_2$ *r* bezugsweise *l* und $^1/_4$ *a* betrachtet. Auch eine Regel für die svarabhakti (Pr. 2, 19) konnte hier mit Rücksicht auf die Regeln 272—274 fehlen.

2) *tâlû*. Es scheinen damit die Kinnbacken gemeint zu sein.

sagt, dass die karaṇa's den über ihnen liegenden Teil des Mundes berühren. Auch die Regeln über die Nasallaute lassen zu wünschen übrig. Allerdings wird uns in 300. 301 angegeben, dass die yama's, der anusvâra und die fünften sparça's immer, die Vokale, Halbvokale und das *h* nur unter besondern Umständen nasal seien, eine Ausführung des kurzen sûtra 2, 49; allein durch welche Faktoren die nasale Aussprache bedingt wird, wird nicht erwähnt, während das Prâtiçâkhya dies in 2, 52 in durchaus befriedigender Weise tut. Ganz übergangen sind endlich in der Çikshâ die sûtra's 2, 31—34 über den Unterschied des sthâna und des karaṇa bei Vokalen und bei anderen Lauten.

Ich glaube übrigens nicht, dass wir aus diesen Mängeln auf eine Abnahme des Studiums der eigentlichen Phonetik zur Zeit der Çikshâ schliessen dürfen. Die nicht zu leugnenden Fortschritte in einzelnen Punkten sprechen entschieden dafür, dass diese Verschlechterung der Çikshâ aus der persönlichen Unfähigkeit des Verfassers entsprang.

Die natürliche Folge der fortschreitenden Specialisierung der Regeln ist das Wachsen der Terminologie. Allerdings geht die Çikshâ in dieser Hinsicht, wenigstens unserem Gefühle nach, bisweilen über das Mass des Notwendigen hinaus; wir müssen die Erklärung dafür wohl in einer gewissen Freude an seltsamen Namen suchen. Die Çikshâ unterscheidet in 323. 325 fünf Arten des Hiats; ein jeder bekommt eine eigene Bezeichnung: *pipîlikâ*, *madhyâ*, *pâkavatî*, *vatsânusṛti*, *vaiçeshikâ*. In der Çikshâ zerfällt die svarabhakti in vier Klassen; für jede derselben wird in 275 auch ein Name angegeben: *kareṇu*, *karviṇî*, *hariṇî*, *hâritâ*. Besonderheiten in bezug auf Silbenzugehörigkeit und Accentuation werden in der Çikshâ einem in der Pause stehnden nasalen sparça zugeschrieben, und er erhält daher nach Regel 12 auch einen besonderen Terminus, *nâda*. Zwei benachbarte Labialvokale, die, wie wir gesehen, unter gewissen Umständen besondere Ausspracheregeln erfordern, nennt die Çikshâ *dviroshṭhya's*, den zweiten derselben in zwei speciellen Fällen *mâṇḍûkoshṭhya* (310. 311); das Prâtiçâkhya, das den Gegenstand in 2, 25 viel einfacher behandelt, kennt solche Termini noch nicht. Zum ersten Male begegnen uns in der Çikshâ die Bezeichnungen *arka* für den verstärkten çvâsa, aus dem die tonlosen Konsonanten mit Ausnahme der ersten sparça's bestehn (280. 282), *rañga* für ein nasaliertes auslautendes pluta-*a* (2. 303), *kampa* für die eigentümliche Aussprache eines svarita vor einem andern svarita (211); in diesen drei Fällen unterscheidet sich die Çikshâ nur durch die Hinzufügung des Namens vom Prâtiçâkhya, die Erscheinungen werden dort (Pr. 2, 11; 15, 8. 19, 3. 4) in gleicher Weise beschrieben[1]). Unbekannt sind ferner dem Prâtiçâkhya die Ausdrücke *saṁbandha*, *saṁmiçra*, *anuloma*, *viloma*, *pâda*, die die Çikshâ in 19, 32 und 342 definiert. Für *visarjanîya* findet sich hier häufiger[2]) auch der neuere Name *visarga*. Anstatt des in Pr. 24, 2 gelehrten Terminus *aksharasaṁhitâ* schreibt die Çikshâ in 25 *svarasaṁhitâ* vor[3]). Erweitert ist in der Çikshâ der Gebrauch von *varṇa*; nach Pr. 1, 20 kann es nur zur Bildung des Namens der drei ersten Vokale verwendet werden; nach Ç. 13 wird er auch an den *ṛ*-Vokal gefügt[4]). Eine ganze Reihe neuer, im Prâtiçâkhya noch nicht vorkommender Termini wie *ac*, *hal*, Namen von Vokalen auf *t* und *tva*, *antya*, *pañcama*, *druta*, *nihata*, *svapâṭha*, die in der Çikshâ aber alle nur wegen der Versnot an Stelle der eigentlich vorgeschriebenen Bezeichnungen gebraucht werden, sind schon S. 79 erwähnt.

Wir haben oben schon den grossen Fortschritt besprochen, den das Kapitel von der Quantität in der Çikshâ aufweist. Dieses Kapitel ist für uns aber noch aus einem weiteren Grunde von Bedeutung: es zeigt uns, dass in der Çikshâ ein grösserer Wert auf die Kenntnis der Äusserlichkeiten der Recitation

1) Ob sich die Regeln über den kampa völlig decken, weiss ich indessen nicht (vgl. S. 57). Ich will hier noch darauf hinweisen, dass umgekehrt merkwürdigerweise in der Çikshâ (249) der Terminus *abhinidhâna* für den zwischen tonlosem ûshman und sparça eintretenden ersten sparça, den das Prâtiçâkhya in 14, 9 erwähnt, fehlt.

2) Z. B. 109. 124. 255.

3) Wenn der Terminus *upasarga* in der Çikshâ (34) auf alle in der saṁhitâ vorkommenden Präpositionen ausgedehnt wird, während das Prâtiçâkhya (1, 15) ihn nur einer Auswahl von zehn dieser Wörter zuweist, so liegt darin kaum eine wirkliche Verschiedenheit der Anschauung. Die Einschränkung ist im Prâtiçâkhya) wie es scheint, nur aus praktischen Gründen erfolgt (vgl. S. 24). Allerdings erwartet man dann auch *ati* in der Liste des Prâtiçâkhya zu finden, das durch 14, 8 erforderlich gemacht wird. Fehler aber würde seine Hinzufügung nicht hervorgerufen haben: die upasarga's in 10, 9 sind schon durch den adhikâra in 10, 3 auf solche, die auf einen *a*-Vokal auslauten, beschränkt, und auch die in 6, 4 nach upasarga's vorgeschriebene Regel würde keiner Ausnahmebestimmung bedurft haben, da mit *s* anlautende und den anudâtta tragende Wörter nach *ati* in der saṁhitâ nicht vorkommen. So muss *ati* in 14, 8 besonders angeführt werden. (*niḥ* musste in 6, 4 wegen 14, 8 besonders gelehrt werden. Die in 14, 8 vorgeschriebene Operation würde sonst z. B. auch in *nish khidati* (2, 2, 10[6]) eintreten. S. 26 Note 3 ist darnach zu berichtigen). Die Çikshâ führt in 125 (Pr. 6, 4) und 175 (Pr. 10, 9) die in Betracht kommenden Präpositionen einzeln auf. Über 245 (Pr. 14, 8) s. S. 65 Note 3.

4) *rvarṇa* z. B. 2. 11.

gelegt wird. Wir erhalten in diesem Abschnitte nämlich nicht nur Regeln über die Quantität, die aus der Beobachtung der Sprache abstrahiert sind, sondern werden auch sehr genau über die Länge willkürlich für die Recitation festgesetzter Pausen unterrichtet [1]). So wird in 326, 327, 338—341 das Mass der Pause am Ende eines avagraha, eines Satzes, eines Wortes im padapâṭha, einer ṛc und eines Halbverses, eines Satzes in bestimmten Abschnitten des Brâhmaṇa und Âraṇyaka, eines kâṇḍa, eines praçna, eines anuvâka und eines Werkes gelehrt. Das ursprüngliche Prâtiçâkhya hat von alledem überhaupt nichts; in 22, 13 finden sich indessen Bestimmungen über die Länge der Pause am Ende eines Verses und eines Wortes im padapâṭha, die von denen der Çikshâ nicht abweichen. Von anderen Regeln des Prâtiçâkhya sind hierherzustellen diejenigen, die sich mit der Frage nach der Quantität und dem Accente von *om* beschäftigen (18, 1—7); schon die grosse Verschiedenheit der Ansichten zeigt, dass bei diesem Worte die Aussprache von der Willkür des einzelnen Lehrers abhing. Die Çikshâ behandelt den Gegenstand in 335 und 336 und zwar hat sie sich, wie schon bemerkt, in bezug auf die Quantität den in Pr. 18, 1 erwähnten „einigen", in bezug auf den Accent dem Vâlmîki angeschlossen [2]); nur die sechs in Â. 10, 68 (Ândhraçâkhâ; Drâviḍaç. 29) vorkommenden praṇava's sollen svarita sein. Auch die unechten sûtra's über die sthâna's der Stimme (22, 11; 23, 4—10) und die yama's (22, 12. 23, 11—19) sind hier zu nennen. Die Çikshâ kennt nur die drei sthâna's (278); sie schreibt in 279 aber ausdrücklich ihre Verwendung bei der Recitation vor, was im Prâtiçâkhya fehlt. Sie unterscheidet ferner in 343 drei verschiedene Tempi des Vortrags, von denen das mittlere die Grundlage der Quantitätsbestimmung bilde (346), sie lehrt in 347 und 348, in welchen Fällen das Atemholen unstatthaft ist und hat diesen Abschnitt vor allem durch die höchst interessanten Regeln über die Bezeichnung der Accente durch Hand- und Fingerbewegungen (202. 230—238), durch Aufrecken oder Zusammenziehen des Körpers [3]) (198. 199) bereichert.

1) Ich habe versucht, eine Scheidung der Regeln in dieser Hinsicht vorzunehmen, wenn ich auch gestehn muss, dass man bei manchen Regeln, wie z. B. bei denen über die Hiatpause, schwanken kann, unter welche Kategorie sie gehören. Für den Çikshâverfasser, dem es überall allein auf die richtige Recitation ankommt, verwischt sich diese Grenze natürlich vollkommen.

2) 336 giebt auch ausdrücklich an, dass der praṇava auf *m* endige.

3) Die Regeln lauten:

udâttoccâraṇe tasya dehadairghyaṁ bhaved yataḥ || 198 ||
uccâraṇe 'nudâttasya dehasya hrasvatâ bhavet || 199 ||

Wenig erfreulich ist eine Erscheinung, die uns in der Çikshâ zuerst entgegentritt, die Neigung zu jenen mystisch-symbolischen Spielereien, die mit der späteren Çikshâwissenschaft so unzertrennlich verbunden sind. Allerdings muss bemerkt werden, dass unsere Çikshâ darin noch lange nicht so weit geht wie andere, z. B. die Yâjñavalkyaçikshâ, und dass ausserdem die hierhergehörigen Regeln mehr anhangsweise gegeben und zum Teil vielleicht erst später hinzugefügt sind. Drei Silben bilden nach 352 einen gaṇa. Je nach der Quantität der einzelnen Silben werden dann verschiedene Klassen von gaṇa's unterschieden, denen besondere Namen und besondere Schutzgottheiten zugewiesen werden; ausserdem zerfallen alle gaṇa's nach ihrer Wirkung in gute und schlechte (353). Sämtliche Laute des Alphabets werden in fünf râçi's geordnet, von denen jeder eine Schutzgottheit erhält (354. 355). In 349 und 350 wird genau gelehrt, welche Konsonanten oder Wörter „sthâpitavya" seien; aus dem Zusammenhang ergiebt sich, dass auch diese Regeln in den hier besprochenen Kreis gehören, wenn ich auch über die Bedeutung des Wortes völlig im unklaren bin. Über die schützende Kraft des am Anfang und am Ende eines Abschnittes zu sprechenden *om* und den Schaden, der durch das Fortlassen desselben entsteht, werden wir in 363. 364 unterrichtet. Die Regeln 356—358 geben an, in welcher Weise die vier Kasten auf die Accente und Laute zu verteilen sind. In diesem Falle wird die Lehre auch näher begründet; nach 359, 360 erwirbt man sich durch richtige Aussprache eines Lautes oder Accentes das Verdienst der Erhaltung der Kaste, der jener Laut oder Accent angehört, während man durch fehlerhafte Aussprache eine Sünde begeht, die der Vernichtung der betreffenden Kaste gleichkommt. In ähnlicher Weise wird die Wichtigkeit einer tadellosen Recitation in den Regeln 361. 362. 370—373 u. a. eingeschärft; höchstes Glück hier auf Erden und dereinst in Brahmans Welt wird dem verheissen, der sich ihr mit Eifer widmet und dabei der Vyâsaçikshâ als Lehrmeisterin folgt.

Man sollte bei der engen Verbindung, die zwischen der Vyâsaçikshâ und dem Taittirîyaprâtiçâkhya herrscht, denken, dass der Kommentator des letzteren die Çikshâ bei seiner Arbeit benutzt habe. Allein Franke hat nachgewiesen, dass die zahlreichen

---

Sie vertreten die Stelle der Definitionen des udâtta und anudâtta (Pr. 1, 38. 39); anstatt durch eine Beschreibung ihres Wesens werden diese Accente hier durch die Angabe der äussern Begleiterscheinungen charakterisiert.

Citate aus der Çikshâ, die sich im Tribhâshyaratna finden, teils dem Çikshâsamuccaya, teils der Sarvasammataçikshâ angehören[1]). Aus der Vyâsaçikshâ findet sich nur einmal ein Citat: unter 22, 13 werden die Regeln 323—325 aufgeführt. Sie kommen indessen nur in einer einzigen der Nâgarîhandschriften (W.) vor und sind daher zweifellos erst später hinzugefügt[2]). Wir müssen demnach dem Verfasser des Tribhâshyaratna wohl eine direkte Kenntnis der Vyâsaçikshâ absprechen.

Nun findet aber doch eine merkwürdige Übereinstimmung zwischen dem Tribhâshyaratna und der Çikshâ statt. Es ist bekannt[3]), dass an Stellen des Prâtiçâkhya, wo verschiedene Ansichten oder die abweichenden Meinungen anderer Lehrer angeführt werden, der Kommentator bei der Auswahl der Regeln, die „ishṭa" sein sollen, auf die Ansicht des Prâtiçâkhya selbst keine Rücksicht nimmt, sondern ganz nach eigenem Ermessen verfährt[4]). So werden von den sûtra's 10, 19—23 sûtra 21, von 14, 2. 3 sûtra 3, von 15, 1—3 die sûtra's 2 und 3 für gültig erklärt, obwohl die Lehre des Prâtiçâkhya offenbar in den sûtra's 10, 19; 14, 2[5]) und 15, 1 enthalten ist. In allen diesen Fällen giebt aber die Çikshâ genau die gleichen Vorschriften wie die vom Kommentar gebilligten Regeln (167 Pr. 10, 21; 256. 257 Pr. 14, 3; 169 Pr. 15, 2. 3)[6]). Ebenso steht der Kommentar auf Seiten der Çikshâ (256. 335. 204. 251), wenn er die sûtra's 14, 17; 18, 1; 19, 2 und 21, 13 anerkennt; dem Prâtiçâkhyaver-

1) Sarvasammataçikshâ, Einleitung S. XII ff.

2) Râjendralâla Mitra liest die beiden çloka's zwar auch in seinem Texte; er hat sie aber, wie die Übereinstimmung in den unsinnigsten Lesarten beweist, einfach ohne Angabe der Quelle aus Whitney abgedruckt.

3) Vgl. Whitney S. 434.

4) Der Meinung des Verfassers entsprechend werden die sûtra's 5, 26. 28 (Ç. 121. 122) gegenüber 5, 30. 31; 5, 34 (Ç. 119) gegenüber 5, 36. 37; 8, 18 (Ç. 147) gegenüber 8, 19—22; 9, 2. 3 (Ç. 157. 158) gegenüber 9, 4—6; 13, 2 (Ç. 113) gegenüber 13, 3; 14, 9 (Ç. 249) gegenüber 14, 10. 11; 14, 12 (Ç. 252) gegenüber 14, 13; 14, 29—31 (Ç. 215. 216) gegenüber 14, 32. 33 als gültig hervorgehoben. In allen diesen Fällen ist auch die Çikshâ der Ansicht des Prâtiçâkhya.

5) S. S. 84 ff.

6) Auch Pr. 15, 8 (Ç. 302) ist acceptiert, vielleicht mit Recht. Vielleicht betrachtet das Prâtiçâkhya die Nasalierung des auslautenden pluta-*a* aber doch nur als die abweichende Lehre des Çâṅkhâyana und Kâṇḍamâyana. Bisweilen gelten allerdings auch fremde Lehren als ishṭa, obwohl wir sie in der Çikshâ nicht finden, so 2, 19. 27; 13, 16. Im Widerspruch mit der Çikshâ stehn diese Regeln aber nicht, da die betreffende Sache dort überhaupt nicht behandelt wird.

fasser gehören die dort gegebenen Vorschriften nicht[1]). Im unklaren bin ich, wie schon früher erwähnt, über die wirkliche Bedeutung der sûtra's 19, 3 und 4; jedenfalls aber ist die in ihnen enthaltene Lehre nicht die des Prâtiçâkhya. Das Tribhâshyaratna hat aber trotzdem nur 19, 3 nicht acceptiert, 19, 4 dagegen so interpretiert, dass es genau der Çikshâregel 210 entspricht.

An einigen Stellen ist es nicht klar, für welche Ansicht sich der Verfasser des Prâtiçâkhya selbst entschieden hat, da er, anstatt zuerst seine eigene Lehre aufzustellen und dann andere abweichende zu erwähnen, einfach eine Reihe verschiedener Lehren unter Angabe ihrer Urheber oder Vertreter neben einander stellt. Die vom Kommentator für gültig erklärte Regel ist auch hier immer diejenige, die die Çikshâ aufgenommen hat, so 5, 38 (Ç. 118) gegenüber 5, 39—41; 18, 6 (Ç. 336) gegenüber 18, 2—5. 7. Die in 17, 1—7 mitgeteilten Ansichten der verschiedenen Lehrer über den Grad der Nasalität in den einzelnen Nasallauten und die Stärke des prayatna bei Accenten und Lauten werden vom Tribhâshyaratna sämtlich zurückgewiesen[2]). Ob das Prâtiçâkhya sie ebenso alle für unrichtig hielt, ist kaum zu entscheiden; jedenfalls entfernt sich auch hier der Kommentator nicht von der Çikshâ, in der keine jener Regeln vorkommt[3]). In bezug auf den svarita scheint das Prâtiçâkhya verschiedene Aussprachen zu gestatten. Vielleicht beruhen die Angaben in 1, 41—45 auf der Beobachtung des wirklich Gesprochenen, während 1, 46 die theoretische Forderung enthält. Sicher ist nur, dass der Verfasser die in 1, 47 erwähnte Aussprache nicht billigte. Nach dem Tribhâshyaratna ist allein die Regel 1, 46 zu befolgen, die zu der Çikshâvorschrift (200) stimmt.

Eine andere vom Prâtiçâkhya selbst nicht vertretene Regel wird soweit gutgeheissen, als sie sich mit der Çikshâregel deckt. Nach 14, 26 halten einige die Verdopplung eines *l* für unstatthaft, wenn ihm *h*, *ç* oder *v* folgt. Der Kommentar sieht diese Lehre in bezug auf die Verbindungen *lh* und *lç* als bindend an, genau mit der Çikshâ übereinstimmend, die in 257 die Verdopplung eines *l* vor einem ûshman verbietet.

---

1) In betreff des sûtra 14, 17 s. S. 85.

2) Die Lesart von G. M. O. *naitâni* ist entschieden richtig. Dass eine Regel ishta ist, wird nur bemerkt, wenn sie in Gegensatz zu andern, die anishta sind, gestellt wird. Hier liegt aber eine solche Gegenüberstellung nicht vor.

3) Auch die Lehre der Çikshâ (204) über den prayatna des vikrama ist wohl von der des Paushkarasâdi verschieden. Vgl. S. 88 ff.

Auch künstliche, ja sogar falsche Interpretationen scheut der Kommentator nicht, wenn er dadurch die Lehre des Prâtiçâkhya mit der der Çikshâ in Einklang bringen kann. Durch die Anführung des Kâṇḍamâyana in 9, 1 ist nach ihm die Regel fakultativ gemacht. Sie schliesst daher nicht aus, dass auch vor einem ûshman, dem ein tönender Konsonant folgt, der visarga wegfällt. Wie wir S. 57 gesehen, ist das letztere aber die von der Çikshâ vorgetragene Lehre. Das sûtra 21, 6 wird in zwei Teile zerlegt, damit die svarabhakti in gewissen Fällen auch gegen die Regel zur folgenden Silbe gezogen werden kann, wie dies die Çikshâ in 268 vorschreibt. In 14, 4 wird die Verdopplung eines Konsonanten nach *r* ohne jede Einschränkung vorgeschrieben. Der Kommentator aber hat die Regel der Çikshâregel 241, nach der die Verdopplung nur, wenn ein Vokal vorausgeht, statthaft ist, dadurch gleich gemacht, dass er ein *svarapûrvât* aus dem *svarapûrvam* in 14, 1 ergänzt. Sûtra 21, 14 besagt, dass nach einem *h*, dem *n*, *ṇ* oder *m* folgen, ein Nasallaut eingeschoben werde. Die Çikshâ lehrt (298), dass in diesem Falle das *h* nasal sei. Der Kommentator bringt den gleichen Sinn aus dem sûtra heraus, dadurch dass er den Ablativ *hakârât* als Akkusativ erklärt und ein *âruhya* in die Regel einfügt. Diese Erklärung zieht einen anderen Fehler nach sich: er muss 21, 8, das die nâsikya's betreffen soll, auf die yama's beschränken, so dass sich das sûtra nun völlig mit der Çikshâregel 270[1]) deckt. Sûtra 21, 16 verbietet den Eintritt der svarabhakti zwischen *r* und einem ûshman, wenn der letztere vor einem ersten sparça verdoppelt ist, also in Fällen wie *adarççppma* (3, 2, 5[4]), *varshshṭṭâ* (7, 5, 20). Die Çikshâ dagegen gestattet die svarabhakti auch dann nicht, wenn dem ûshman ein Halbvokal folgt (271). Der Kommentator legt das sûtra in demselben Sinne aus. Er schiebt in seiner Erklärung stillschweigend ein *vâ* in die Regel ein; darnach gilt das Verbot, falls der ûshman verdoppelt ist und falls ihm ein erster sparça folgt. Die erste Einschränkung betrifft solche Wörter wie *dârççyam* (3, 2, 2[3]), *barssvebhiḥ* (5, 7, 11), in denen der ûshman nach 14, 4 verdoppelt ist, die zweite die übrigen Wörter, da in sûtra 14, 17, das nach dem Kommentar die gültige Lehre enthält, die Verdopplung des ûshman vor dem ersten sparça unterbleibt und somit die Verbindungen *rçppm*, *rshṭṭ*, nicht die Verbindungen *rççppm*, *rshshṭṭ* vorkommen.

Nur an einer Stelle weicht der Kommentar deutlich von der

1) Diese Regel lehrt auch die Silbenzugehörigkeit der yama's, was in der Inhaltsübersicht übersehen ist.

Lehre der Çikshâ ab. Die letztere verbietet in 259 die Verdopplung eines auslautenden *ṅ* und *n* vor *y*, *v* und *h*, während aus des Kommentators Erklärung von 14, 28, die im übrigen natürlich völlig falsch ist, hervorgeht, dass er das Verbot auf ein auslautendes *n* beschränkt wissen will. In diesem Falle scheint aber der Unterschied in den Zeitverhältnissen bedingt zu sein. Die Beschränkung der Regel gehört wahrscheinlich erst der späteren Lehre an. Sie findet sich zuerst in der Sarvasaṁmataçikshâ (17), die gerade in dem Abschnitte von der Verdopplung der Vyâsaçikshâ gegenüber eine Entwicklung der Lehre erkennen lässt, und in der Handschrift D., in der sich öfter sekundäre Verbesserungen finden, ist der Text der Çikshâregel selbst am Rande im Sinne der Sarvasaṁmataçikshâ umgestaltet[1]). Für uns ist diese trotz des Mangels direkter Bekanntschaft bestehnde Übereinstimmung deshalb von Interesse, weil wir daraus schliessen dürfen, dass die von der Çikshâ vorgetragene Lehre nicht isoliert dasteht, sondern wirklich die Anschauung weiterer Kreise enthält.

Endlich erübrigt es noch, kurz einen Blick auf die Stellung zu werfen, die der Çikshâverfasser der Grammatik gegenüber einnimmt. Das Prâtiçâkhya vermeidet es bekanntlich, die grammatischen Verhältnisse oder die Bedeutung der Wörter bei der Aufstellung seiner Regeln zu berücksichtigen. Die Ausnahmen sind sehr gering an Zahl: in 5, 7 wird der Einschub eines *s* in *akurva* nach dem Augment vorgeschrieben, das unter dem eigentümlichen Terminus *pratyaya* erscheint. Sûtra 13, 9 lehrt, dass der erste Nasal in den pravâda's d. h. den flectierten und abgeleiteten Formen gewisser Wörter lingual sei. Dagegen wird in 13, 15 der linguale Nasal verboten, wenn ein *a* vor ihm geschwunden ist. Auch diese Regel muss hier angeführt werden,

1) Auf den ersten Blick scheint auch der Umstand, dass Regel 2, 47 nicht abgelehnt wird, den bisherigen Beobachtungen zu widersprechen. 2, 47 lehrt, dass nach „einigen" das *h* dasselbe sthâna wie der Beginn des folgenden Vokals habe, während die Çikshâ in 293, ganz wie Pr. 2, 46, die Kehle als sthâna des *h* bezeichnet. Ich glaube, dass Whitney Recht hat, wenn er 2, 47 auf jedes vor Vokal stehnde *h* bezieht; der Kommentar fasst die Regel aber offenbar als Specialregel für ein *h* vor Diphthongen auf und erkennt 2, 46 neben 2, 47 an. Dann liegt aber ein direkter Widerspruch mit der Çikshâ nicht vor. Ganz unsicher ist es, ob der Kommentar 11, 19 billigte; allerdings sagt er nicht ausdrücklich das Gegenteil. Die Regel soll nach seiner Erklärung lehren, dass einige dem nach *e* und *o* nicht wegfallenden *a* eine Quantität von anderthalb Moren zuweisen. Die Çikshâ lehrt das nicht.

da sie Wörter wie *vṛtraghnaḥ* betrifft, in denen der Schwund des *a* nach den Regeln der Grammatik, nicht nach denen des Prâtiçâkhya erfolgt ist. Nach 16, 25 soll in Zahlwörtern (*saṁkhyâsu*) [1]) nach *vi*, *ri*, *tri* vor einem ûshman ein anusvâra gesprochen werden. Von diesen vier Regeln kehrt überhaupt nur die erste in der Çikshâ (107) wieder. In diesem Falle hat indessen der Verfasser die Regel anders gewendet (*samapûrvaḥ saḥ kurvordhvaḥ*) und die Bezugnahme auf die grammatische Bildung der Form beseitigt. Im übrigen ist er aber in diesem Punkte weniger ängstlich als seine Vorlage. In 66 wird die Verlängerung des *a* von *an* nach *ri* und *ut* unter anderm davon abhängig gemacht, dass diesen Lautkomplexen eine Nominalendung folgt [2]); Pr. 3, 15 fordert statt dessen, dass *ân* den anudâtta tragen und einem Worte, das keinen ûshman enthält, angehören müsse. Regel 153 lehrt den Übergang eines visarga in *s* vor *pati*, wenn dies im Singular oder Dual steht (*patiçabde dviḥ*); das Prâtiçâkhya giebt sich in der entsprechenden Regel 8, 27 die Mühe, alle in Betracht kommenden Formen einzeln aufzuzählen. In 111 wird für den Abfall eines *v* nach *tu* und *nu* als Bedingung aufgestellt, dass das *v* in einem dem gaṇa *çâdi* angehörenden Worte stehe; in Pr. 5, 13 findet sich kein derartiger Zusatz, da er nur für den jaṭâpâṭha Wert hat. Nach 148 soll der Auslaut von *ahaḥ* zu *o* werden, wenn das Wort in einem dvandva vorkommt. Auch der Schluss von Regel 38, *kṛtau*, mit Ergänzung von *dyâvapṛthivî* und *âhutî*, scheint eine Beziehung auf die Grammatik zu enthalten. Der Zweck der Regel ist, das *dyâvâpṛthivî* oder *âhutî* in der saṁhitâ vorausgehnde Wort für pragraha zu erklären, wie das deutlich aus den Bestimmungen des Prâtiçâkhya (4, 13 und 16) erhellt. Da nun in den fünf unter die Regel fallenden Stellen [3]) das vorausgehnde Wort stets ein Adjektiv zu dem folgenden *dyâvâpṛthivî* bezugsweise *âhutî* ist, so muss *kṛta* wohl als „bewirkt, abhängig" gefasst werden.

Dass die Grammatik, der der Çikshâverfasser folgte und deren Kenntnis er bis zu einem gewissen Grade bei seinen Lesern voraussetzte, die paṇineische war, geht aus der Terminologie hervor. Er braucht an paṇineischen pratyâhâra's *ac*, *hal*, *eñ* (190. 206. 213) und *iṇ* (294). Zur Bildung des Namens eines Vokals fügt er in

1) Ich glaube mit Whitney, dass *saṁkhyâsu* als Lokativ zu nehmen ist, und dass die Zerlegung in *saṁkhyâ asu* erst von Späteren erfunden ist, um die Regel für alle Fälle richtig zu machen.

2) Die Bestimmung ist allerdings, wie S. 83 bemerkt, eigentlich überflüssig.

3) S. Whitney's Noten a. a. O.

Übereinstimmung mit Pâṇ. 1, 1, 70 *t* an den betreffenden Vokal (13). Die Nominalendung wird in 66 mit *sup* bezeichnet. In 111 wird, wie bemerkt, auf den gaṇa *câdi* (Pâṇ. 1, 4, 57) bezuggenommen. Wörtlich stimmt ferner die Definition von *lopa* in 10 (*lopaḥ syâd apy adarçanam*) mit Pâṇ. 1, 1, 60 *adarçanaṁ lopaḥ* überein, während das Prâtiçâkhya in 1, 57 *lopa* durch *vinâça* erklärt. Auch die S. 89 erwähnte vom Prâtiçâkhya abweichende Auffassung des zwischen auslautendem *e* und *o* und anlautendem *a* eintretenden sandhi entspricht der Lehre Pâṇini's (6, 1, 109); ob sie direkt unter dem Einflusse Pâṇini's entstanden ist, ist indessen kaum zu entscheiden, da wir sie auch in fast allen übrigen Lehrbüchern wiederfinden [1]. Auch die Verwendung der Kasus im paṇineischen Sinne, die uns in der Çikshâ hier und da begegnet [2], hat, wenigstens soweit es sich um den Ablativ und Lokativ handelt, schon im Prâtiçâkhya ihr Vorbild (5, 24; 8, 6. 33; 13, 15; 15, 3; 20, 4 u. a.).

Es würde übrigens völlig verfehlt sein, aus der grösseren Berücksichtigung der Grammatik seitens der Çikshâ auf eine grössere Vertrautheit mit derselben zu schliessen. Die Unwissenheit der Vedapâṭhaka's in bezug auf Grammatik war sprüchwörtlich [3], und unser Verfasser ragt in dieser Beziehung durchaus nicht unter seinen Genossen hervor [4]. Er lässt sich in seiner Sprache Fehler der gröbsten Art zu schulden kommen. In 223 hat er nach einem *e* des Duals ein anlautendes *a* elidiert. In 225 und 226 wird *bhakti* als Masculinum gebraucht [5], obwohl es an anderen Stellen oft genug als Femininum erscheint. *âdi* wird öfter wie ein Ad-

---

1) Ṛk-Pr. 2, 13; Vâj. Pr. 4, 58; Ath. Pr. 3, 53. Nur die Kâtantragrammatik (1, 2, 17) geht hier, wie so oft, mit dem Taittirîya-Prâtiçâkhya zusammen. Burnell hat in seiner Abhandlung „On the Aindra School of Sanskrit Grammarians" S. 9, soweit ich sehe, zuerst auf derartige Beziehungen des Kâtantra zu einzelnen Prâtiçâkhya's hingewiesen.

2) Beispiele für den Ablativ bieten 132, 158, für den Genetiv 248, für den Lokativ 65, 109, 142.

3) Vgl. Subhâshitâvali 2301:
gurunaṭadaivajñabhishakçrotriyamukhagahvarâṇi yadi na syuḥ |
vyâkaraṇasiṁhabhîtâ apaçabdamṛgâḥ kva vicareyuḥ ||
und Hemacandra's Bemerkung, die mir Prof. Kielhorn mitteilt: *etac ca çrotriyamatam ity upekshyate.*

4) Die Regeln, die Franke in seiner Einleitung zur Sarvasaṁmataçikshâ S. X dafür geltend macht, beweisen aber gar nichts. Meine Auffassung derselben habe ich schon S. 56 und 67 ausgesprochen.

5) âyapûrve yadoccaḥ syâd bhaktir nîco dadhûadhaḥ || 225 ||
svâraç cÂraṇyake bhaktir atra çîrshaṁ srapûrvake || 226 ||

jektiv behandelt, z. B. *sakṛd âdi dvitîyaṁ dviḥ paṭhec câdi paraṁ sakṛt* (30), *punar antaṁ madhyaṁ câdi punar ády antaraṁ param* (31). Dass der Verfasser Wörter wie *ca*, *tathâ* u. s. w. gelegentlich in das Kompositum hineinzieht, ist schon S. 80 bemerkt worden. Er gestattet sich aber ohne Scheu die gleiche Freiheit auch bei flectierten Wörtern. So finden wir z. B. in 111 *padam*, in 134 *ṭakâraḥ*, in 152 *sakraghânyottaraḥ*, in 339 *ashṭau* in der Komposition. Die Veranlassung ist auch in diesen Fällen überall das Erfordernis einer Silbe oder Länge für das Metrum gewesen.

Als Verfasser nennt sich in den Schlussversen 372 und 373 Vyâsa:

vedâmṛtaṁ pibed yas tu sa tasmâd bhûsuro bhavet |
evaṁ ca Vyâsaçîkshâvid bhûsurendraḥ sa kathyate || 372 ||
çrîmatparabrahmasupûrṇacittaḥ
çrîVyâsakaṇṭhaprasṛtâṁ ca çîkshâm |
etâm abhijñaḥ prayataḥ paṭhed yaḥ
sarvân abhîshṭân sa samaçnute vai || 373 ||

Der Name kehrt in dem Titel des Werkes, Vyâsaçikshâ, in der Einleitungsstrophe des Kommentars und ein paarmal in den Unterschriften am Kapitelschlusse wieder. In der Erklärung der Einleitungsstrophe des Werkes selbst giebt ihm der Kommentator das Prädikat *bhagavat*. Eine andere Bezeichnung findet sich in der Schlussstrophe des Kommentars; die Çikshâ wird dort *çrîrântarañgiṇa Vyâsaçîkshâ* genannt. Vermutlich ist unter *rântarañgiṇa* irgend ein Titel zu verstehn. Ob unser Vyâsa, wofern der Name nicht überhaupt nur ein zur Empfehlung des Werkes gewähltes Pseudonym ist, mit irgend einem der aus der sonstigen Literatur bekannten Autoren gleichen Namens identisch ist, wird sich wohl kaum je feststellen lassen; nur der in der Çabdamâlâ (im Çabdakalpadruma) mit dem Beinamen *çikshâkâra* angeführte Vyâsa ist mit Sicherheit auf unsern Verfasser zu beziehen.

Wenn wir so auch über die persönlichen Verhältnisse des Verfassers völlig im Unklaren sind, so lässt sich doch mit ziemlicher Gewissheit behaupten, dass er dem Süden Indiens angehörte und dort die Çikshâ verfasste. Das geht schon aus dem Umstande hervor, dass Handschriften von unserer Çikshâ wie von den übrigen Çikshâ's der Taittirîyaschule fast ausschliesslich im Süden vorkommen[1]), und dass die Çikshâ einen Kommentator gefunden hat, den man, wie wir sehen werden, mit Sicherheit als

1) Vgl. Aufrecht, Cat. cat. S. 620.

südindischer Herkunft bezeichnen kann[1]). Vielleicht wird ein Kenner auch bei einer oder der andern Ausspracheregel den Einfluss eines südindischen Dialektes nachweisen können; ich will hier nur auf die Übereinstimmung einer Regel der Çikshâ mit Regeln zweier Tamilgrammatiken, Tolkâppiyam und Nannûl, hinweisen. Nach Ç. 317 ist die Länge einer mâtrâ nach dem Knacken eines Fingers zu bemessen:

aṅgulisphoṭanaṁ yâvân tâvân kâlas tu mâtrikaḥ ||

Burnell, On the Aindra School of Sanskrit Grammarians, S. 16 führt dieselbe Angabe aus den genannten Werken an[2]).

Die Punkte, die für die **Altersbestimmung** der Çikshâ in Betracht kommen, sind die folgenden. Wie wir gesehen haben, lag die Taittirîyasaṁhitâ und wahrscheinlich auch das Taittirîyabrâhmaṇa und das Taittirîyâraṇyaka in der jetzigen Textgestalt vor; nur die kaṇḍikâteilung der saṁhitâ war im Texte selbst noch nicht markiert. Das Taittirîyaprâtiçâkhya zeigte an einigen Stellen noch eine reinere Form wie heute. Die Vâsishṭhaçikshâ scheint älter als unsere Çikshâ zu sein, da sie einen noch ursprünglicheren Text als diese benutzte[3]). Dagegen war unsere Çikshâ dem Kommentar zufolge dem Verfasser der Siddhântaçikshâ bekannt und wurde vielleicht auch von dem Verfasser der Âraṇyaçikshâ benutzt[4]). Sie ist sicher älter als die Sarvasaṁmataçikshâ und der Çikshâsamuccaya, die sich schon im Titel als Kompilationen älterer Çikshâ's verraten. Einzelne Abschnitte der Sarvasaṁmataçikshâ sind sogar offenbar nichts weiter als Bearbeitungen der entsprechenden Abschnitte der Vyâsaçikshâ. Da der Verfasser des Tribhâshyaratna die Sarvasaṁmataçikshâ und den Çikshâsamuccaya citiert, so muss er jedenfalls geraume Zeit jünger sein als unsere Çikshâ. Auch dem Verfasser der Jaṭâvalî, eines kleinen Schriftchens über den jaṭâpâṭha der Taittirîyasaṁhitâ, von dem mir das Fragment einer Granthahandschrift vorliegt, war sie bekannt; er hat einige Regeln der Çikshâ, besonders solche, die vom jaṭâpâṭha handeln (30. 31. 60—63. 150. 151. 176), in seinen Text aufgenommen. Dass die Jaṭâvali wirklich der entlehnende Teil ist, wird

1) Auf andere Beziehungen der Taittirîyaschule zum Süden habe ich schon S. 51 hingewiesen.

2) Allerdings spricht Burnell von „snapping the fingers"; nach Kittel, Dictionary of the Canarese language, hat *sphoṭana* aber beide Bedeutungen.

3) S. S. 17 ff.

4) S. S. 3 Note 2.

schon durch den ersten Vers bewiesen, wo von „allen Çikshâ's“ gesprochen wird:

Prâtiçâkhyâdiçâstrajñaḥ sarvaçîkshâviçâradaḥ |
sûkshmabuddhir dṛḍhajño yaḥ sa jaṭâṁ vaktum arhati ||

Erwähnt wird endlich Vyâsa, wie oben bemerkt, in der Çabdamâlâ.

Nur eine einzige der angegebenen Tatsachen setzt uns in den Stand, ein positives Datum zu ermitteln: das Fehlen der kaṇḍikâteilung im Texte der saṁhitâ zur Zeit der Çikshâ. Wir ersehen aus Mâdhava's Vedârthaprakâça, dass diese Einteilung in der Mitte des vierzehnten Jahrhunderts genau in der heutigen Weise vorhanden war. Mâdhava[1]) liest *uçmasi gamadhye* (1, 3, 6$^{1-2}$; 1, 495 der Ausgabe), *bhara vaso* (1, 3, 14$^{3-4}$; 1, 576), *bhava naḥ* (2, 6, 12$^{1-2}$; 2, 816), *atha bhava* (3, 2, 11$^{2-3}$; 3, 165); von den ursprünglichen saṁhitâlesungen mit der Länge weiss er nichts mehr. Nun finden wir diese unverändert aber auch noch im Kommentar der Çikshâ; zwischen diesem und der Çikshâ selbst muss aber ein bedeutender Zwischenraum liegen; denn der Verfasser des Tribhâshyaratna kannte die Sarvasaṁmataçikshâ, die, wie gesagt, teilweise eine Bearbeitung der Vyâsaçikshâ ist, und der Verfasser des Vedataijasa muss wieder beträchtlich jünger sein als jener, da er, wie wir sehen werden, nach zum Teil stark verderbten Handschriften des Tribhâshyaratna arbeitete; wir dürfen also mindestens die Mitte des dreizehnten Jahrhunderts als untere Grenze für die Abfassungszeit der Çikshâ ansetzen.

Begleitet ist die Çikshâ in allen mir vorliegenden Handschriften[2]) von einem Kommentare, dem schon öfter erwähnten Vedataijasa. Diesen Titel legt ihm der Verfasser im Einleitungsverse selbst bei; wir finden ihn ausserdem in den Unterschriften am Schlusse des saṁjñâ- und des pûrvaikyaprakaraṇa[3]). Das Vedataijasa ist nicht der einzige Kommentar gewesen, den die Çikshâ gefunden hat. Im Gegenteil, es muss verschiedene Vorgänger gehabt haben: im Schlussverse wird es als *bhâshyam uttamam* be-

1) Ich will noch, um dem Einwande zu begegnen, dass die Kenntniss oder Nichtkenntnis der kaṇḍikâteilung auf lokaler Verschiedenheit beruhen könne, darauf aufmerksam machen, dass Mâdhava ein Telinga-Brahmane war, also wie die Verfasser der Çikshâ und des Vedataijasa in Südindien wirkte.

2) Es wird überhaupt nur einmal deutlich eine Handschrift angeführt, die nur den Text der Çikshâ enthält: Taylor, a Catalogue raisonnée of Oriental Manuscripts I, 281 (9 Blätter in einer Sammelhandschrift, die auch die Çikshâ mit dem Kommentare enthält).

3) Hier nur in A. B.

zeichnet, und mehrfach werden uns abweichende Erklärungen anderer mitgeteilt. Von allen diesen scheint sich aber so gut wie nichts erhalten zu haben; wenigstens finde ich überhaupt nur einmal einen Kommentar erwähnt, der mit unserem offenbar nicht identisch ist, eine Mahâpadayoginî [1]).

Auf den ersten Blick fällt die grosse Ähnlichkeit des Vedataijasa mit dem Tribhâshyaratna auf. Nicht nur sind Anlage und Stil auf engste verwandt, auch wörtliche Übereinstimmungen zeigen sich auf Schritt und Tritt [2]), so dass der Verfasser des einen Werkes notwendigerweise das andere benutzt haben muss. Dass dem Tribhâshyaratna dabei die Priorität gebührt, geht schon aus der ausdrücklichen Angabe hervor, dass es auf den drei Kommentaren des Vararuci, Âtreya und Mâhisheya beruhe, und wird überdies durch das Vedataijasa selbst bestätigt. Es finden sich mehrfach [3]) Stellen in diesem, die wörtlich mit Stellen aus dem Tribhâshyaratna übereinstimmen, die aber nur in dem letzteren, nicht im Vedataijasa berechtigt sind und daher nur gedankenlos abgeschrieben sein können. Diese Unachtsamkeit tritt vor allem bei den Regelcitaten hervor; überaus häufig finden wir ein sûtra anstatt der entsprechenden Çikshâregel angeführt, bloss weil dieses in dem betreffenden Abschnitte des Tribhâshyaratna stand [4]). Hin und wieder hat der Verfasser auch seine Vorlage verbessert [5]), und besonders liebt er es, die Beispiele durch Stellen, meist aus dem jaṭâpâṭha, zu vermehren [6]) oder alphabetisch zu ordnen [7]). Es wäre ja nun denkbar, dass trotzdem der Kommentator des Prâtiçâkhya mit dem der Çikshâ identisch wäre; man müsste dann annehmen, dass er die Çikshâ später kommentiert und dabei sich selbst ausgeschrieben habe. Eine solche Annahme wird aber durch die Beobachtung widerlegt, dass das Vedataijasa schon einen verderbten Text des Tribhâshyaratna benutzte. Es teilt an ein paar Stellen falsche Lesungen mit den südlichen Hand-

---

1) Oppert, Lists of Sanskrit Manuscripts II, 7980.

2) Es lässt sich daher öfter der Text des einen Werkes an Stellen, wo uns die Handschriften im Stiche lassen, nach der Lesung des anderen herstellen; z. B. Vedat. 6 nach Tribh. 1, 11; Tribh. 4, 40 nach Vedat. 44.

3) Unter 88, 92, 149 u. s. w.

4) So unter 3. 5. 7 u. s. w. In den angeführten Stellen wird sogar immer das sûtra als Beleg für einen in der Çikshâregel vorgeschriebenen Terminus gegeben.

5) Z. B. unter 126, 129, 144.

6) Unter 117. 125. 188. 189 u. s. w.

7) Unter 117. 143. 147.

schriften G. und M. So kann das im Kommentar zu Ç. 128 stehnde, ganz unerklärliche *visargaç ca*[1]) nur auf dem in G. M. im Kommentar zu Pr. 6, 9 sich findenden *visarjanîyaç ca* beruhen; die richtige Lesart ist *uparsargapûrvaç ca.* Unter Pr. 8, 12 wird in G. M. ein Beispiel *havanaçruto havam* citiert, das in der saṁhitâ nicht vorkommt und dessen letztes Wort sicherlich auf Verderbnis beruht. Dasselbe Beispiel kehrt aber auch im Vedataijasa unter 145 wieder; nur die Handschrift A. hat, offenbar mit nachträglicher Änderung, *viçve* für *havaṁ*[2]). In G. M. wird das zu Pr. 14, 17 angeführte Beispiel *tasmâd evaṁ vidushâ* (6, 4, 9[2]) als Gegenbeispiel bezeichnet und dadurch ein ganz falscher Sinn in die Regel hineingetragen (s. S. 85); das Vedataijasa hat sich diese falsche Erklärung zu eigen gemacht, wie aus den unter der entsprechenden Regel 256 angeführten Gegenbeispielen *vâyava stha* (1, 1, 1), *pratishṭhâ vai* (5, 2, 3[6]), *adarçma jyotiḥ* (3, 2, 5[4]) hervorgeht. Wir dürfen also mit Recht das Vedataijasa als beträchtlich jünger als das Tribhâshyaratna betrachten[3]).

Leider ist eine genaue Fixierung der Abfassungszeit ebenso wie bei der Çikshâ selbst unmöglich. Das einzige, was sich nach den früheren Ausführungen mit Sicherheit behaupten lässt, ist, dass sie vor Mâdhava fällt. Die zahlreichen Citate, die sich vorfinden, ergeben für die Zeitbestimmung nichts, da, soweit mir bekannt, die Zeit keines einzigen der angeführten Werke feststeht. Da diese Citate aber aus anderen Gründen für uns von Interesse sind, so gebe ich im folgenden eine vollständige Zusammenstellung derselben.

Wie schon erwähnt, bringt der Verfasser häufig die Ansicht „einiger" (*kecit* unter 11. 25. 56. 60. 61. 78. 109. 116. 140. 144. 166. 211. 220. 262. 323. 339. 350) oder die abweichende Meinung „anderer" (*anye* unter 23. 54)[4]), bisweilen auch mit Gegenüberstellung

---

1) Ç. 128 (Pr, 6, 9): *avagrahaḥ.* Vedataijasa: *avagrahasthaḥ sakâraḥ shatvaṁ na bhajate | visargaç ca ||*

2) Auch eine der von Râjendralâla Mitra benutzten Handschriften (Kh) liest *havanaçruto havaṁ havanaçrutaḥ.* Es ist dieselbe, die auch sonst zuweilen, z. B. in *tanutaḥ* für *stanutaḥ* (Pr. 8, 8. Ç. 144), zum Vedataijasa stimmt. Übrigens habe ich auch *havanaçruto viçve* bisher nicht aufgefunden.

3) Von einer näheren Charakterisierung unseres Kommentars kann ich hier absehen, da ja das Tribhâshyaratna bekannt ist und, so wie die Dinge liegen, das Vedataijasa natürlich die Vorzüge und Fehler dieses Werkes in allen wesentlichen Punkten teilt.

4) Die Stelle unter 14, wo die Ansicht der „apare" mitgeteilt wird, ist aus dem Kommentar zu Pr. 1, 21 abgeschrieben.

(*kecit-anye* unter 14. 21. 235), vor, und wenigstens unter 14. 54. 56. 78. 109. 116. 144. 350 ist es zweifellos, dass diese Leute direkt eine Erklärung der Çikshâ beabsichtigten. Wahrscheinlich lagen dem Verfasser auch wenigstens zwei der Kommentare vor, auf denen das Tribhâshyaratna begründet ist, der des Vararuci und der des Âtreya. Unter 62 wird bemerkt, dass in dem Kommentare des Vararuci gesagt sei, dass *agnayaḥ* in 195 (Pr. 12, 8) einzig und allein um des *anvatapyanta* in der Stelle *yân agnayo 'nvatapyanta* (3, 2, 8[3]) angeführt sei. In Ç. 155 (Pr. 8, 34) macht die Interpretation von *pra* Schwierigkeiten. Es muss darunter ausnahmsweise auch *prâ* verstanden werden, wenn die Regel richtig sein soll[1]). Als Autorität für diese Erklärung werden „Âtreya und die übrigen Kommentatoren“ citiert. Einfach aus dem Tribhâshyaratna abgeschrieben können diese Angaben nicht sein, da dieses wohl die erwähnten Auseinandersetzungen enthält, nicht aber Vararuci und Âtreya als ihre Urheber angiebt. Dass der Verfasser die Werke dieser beiden wirklich benutzte und nicht doch etwa nur aus dem Tribhâshyaratna schöpfte, wird nur dadurch etwas zweifelhaft, dass in dem Ausdrucke *Âtreyâdibhâshyakârâḥ* Âtreya vielleicht nur honoris causa als bekannter alter Kommentator an der Spitze genannt ist, und dass *Vararucibhâshye* nur in A., allerdings der besten Handschrift, steht, während die übrigen *Vâraruсâdibhâshyeshu* haben; ist das aber die richtige Lesart, so liegt natürlich dasselbe Bedenken wie in dem andern Falle vor[2]).

Ein Âtreya, vielleicht derselbe wie der Kommentator, begegnet uns im Vedataijasa noch an ein paar andern Stellen. Unter 272 wird nämlich ein Halbçloka, unter 287 und 336 je ein ganzer çloka citiert, die nach der Lesart von A. dem Kâlanirṇaya oder, wie an der letzten Stelle steht, der Kâlanirṇayaçikshâ entnommen sind. Die letztere Bezeichnung findet sich auch, übereinstimmend in allen Handschriften, im Kommentar zu Regel 9, während in den übrigen Fällen in den Handschriften D. und E. der Name des Kâlanirṇaya durch den der Âtreyaçikshâ ersetzt ist. Dieser Wechsel ist vermutlich dadurch zu erklären, dass Âtreya als der Ver-

1) Vgl. S. 73 Note 1.

2) Übrigens könnte einer glauben, da ja jene Erklärungen tatsächlich in Beziehung auf Çikshâregeln erwähnt werden, dass es sich hier um Kommentare des Vararuci und des Âtreya zur Çikshâ handle. Allein daran ist kaum zu denken. Da die Çikshâregeln in beiden Fällen wörtlich mit den sûtra's übereinstimmen, so konnte der Verfasser ohne weiteres die Erklärung der sûtra's auf jene übertragen.

fasser des Kâlanirṇaya galt, und dass dieser entweder mit der Âtreyaçikshâ identisch oder ein Teil derselben ist. Der Kâlanirṇaya war uns bisher schon aus dem Tribhâshyaratna zu Pr. 18, 1 bekannt, wo ein çloka aus ihm citiert wird. Den Stoff des Werkes bildete offenbar, wie schon der Name andeutet, die Lehre von der Quantität. Darauf führt sowohl der Inhalt der vier uns bekannten Verse als auch die Angabe im Kommentar zu 9, dass in der Kâlanirṇayaçikshâ 73 Laute gezählt würden, weil die Quantität als Princip der Einteilung gelte.

Mit Namen angeführt wird ferner die Âraṇyaçikshâ, im Kommentar zu 9 und zu 247. An der ersten Stelle wird bemerkt, dass sie 65 Laute zähle, weil sie das hervorbringende Organ als Grundlage der Einteilung ansehe. Diese Angabe vermag ich in der Göttinger Handschrift der Âraṇyaçikshâ [1]) nicht aufzufinden; dagegen kommt der unter 247 beigebrachte Halbçloka [2]) in der Tat auf Bl. 11ᵇ vor.

Unter 9 wird auch eine Lehre der Lakshmîkântaçikshâ [3]) erwähnt: sie hat ein System von 108 Lauten aufgestellt, da sie bei der Klassificierung „alle Ursachen“ in Betracht gezogen hat. Ein çloka aus derselben Çikshâ wird unter 355 angeführt.

Viermal im ganzen werden Citate aus der Çambhuçikshâ gegeben, je ein çloka unter 238 und 278 und je ein Viertelçloka unter 361 und 362 [4]). Kielhorn hat Ind. Ant. 5, 199 die Vermutung ausgesprochen, dass sich unter diesem Namen die sogenannte Ṛkversion der Pâṇinîyaçikshâ verberge, da in dieser (3) der Ausdruck *Çambhumate* analog dem *Maṇḍûkasya mataṁ yathâ*, *etac Cârâyaṇer matam* in der Mâṇḍûkî- und Cârâyaṇîyaçikshâ vorkomme. Die Citate unseres Kommentares bestätigen das. Die unter 278 [5]) und 362 [6]) angeführten Worte finden sich in der Pâṇinîyaçikshâ

1) Sanskr. 22. Kielhorn, Ind. Ant. 5, 193.

2) Die Regel findet sich vollständig auch in der Bhâradvâjaçikshâ. Der Herausgeber hat sie in den Text aufgenommen (9ᵃ); allein es scheint doch, dass sie nur vom Kommentar zur Erläuterung des in Regel 9 gebrauchten *Kâṭhake* angeführt wird: sie fehlt in der Handschrift C., die den Kommentar nicht enthält, und wird, wenigstens in der mir zugänglichen Handschrift D., nicht kommentiert.

3) A. nennt sie an dieser Stelle Lakshmîçikshâ.

4) D. E. lesen an den beiden letzten Stellen statt *Çambhuçikshâyâm* aber nur *çikshântare*.

5) Diesen çloka citiert übrigens auch das Tribhâshyaratna zu 2, 2, aber ohne Namensangabe der Quelle.

3) Die Handschriften haben hier *sutîrthaṁ câgataṁ çuddham*, während die Handschriften der Çikshâ selbst, im Anfange sicher besser, *sutîrthâd âgataṁ vyaktam* (Y. *jagdham*) lesen.

und zwar in beiden Recensionen (Ṛ. 6ᵇ 7ᵃ; Y. 8ᵇ 9ᵃ und Ṛ. 51; Y. 18) wieder, der çloka unter 238 aber kommt allein in der Ṛkversion (55) vor und der Viertelçloka unter 361 zeigt wenigstens die Lesart dieser: *vyâghrî yathâ haret putram* (25) [1]).

Auf die Ansicht einer „anderen" Çikshâ (*çîkshântara*) ist unter 33 und 251 hingewiesen. Ganze und halbe çloka's aus solchen Çikshâ's werden unter 305, 112, 273, 284 und 300 aufgeführt. Von diesen gehört das Citat unter 273 der Sarvasaṁmataçikshâ (20ᵃ der Ausgabe) an. Ebenso finden sich die Worte: *mantro hînaḥ svarato varṇato vâ mithyâ*, die unter 359 aus einer andern Çikshâ citiert werden, in der Pâṇinîyaçikshâ, Ṛ. 50. Zur Erklärung von *svara* wird im Kommentar zu 2 der Ausspruch der Çikshâ (*çîkshâvacana*) *svayaṁ râjate* herangezogen. Diese Worte kommen in einem çloka vor, der in den Handschriften G. M. des Tribhâshyaratna unter 21, 1 als aus dem Çikshâvyâkhyâna stammend angeführt wird und in der Tat im Kommentar zu Sarvasaṁmataç. 50 enthalten ist [2]). Als eine Freiheit, die sich „alle Çikshâ's" erlauben, wird unter 16 der Gebrauch von *api* und *ca* als versfüllender Wörter bezeichnet. Unter dem *Prâtiçâkhyâdi* in 346 sind nach dem Kommentar das Prâtiçâkhya und verschiedene Çikshâ's (*nânâçîkshâḥ*) zu verstehn. Ganz allgemein werden die Çikshâverfasser (*çîkshâkârâḥ*) unter 2 erwähnt [3]).

Aber auch die vielen Citate, die ohne Angabe der Herkunft gegeben werden, werden, soweit sich nach Form und Inhalt urteilen lässt, wohl sämtlich aus fremden Çikshâ's genommen sein. Unter 9 und 166 findet sich je ein çloka; halbe çloka's kommen unter 60, 64, 107, 155 (zweimal), 170, 258 [4]), 356, 363, 366 (dreimal), ein noch kleineres Versstück unter 2 vor. In einigen Fällen lässt sich eine

---

1) Die Yajusrecension (20) beginnt *yathâ vyâghrî haret.* Alle Handschriften der Pâṇinîyaçikshâ haben aber *putrân* für *putram.*

2) Franke, Einleitung zur Sarvasaṁmataçikshâ S. XII ff., hält es für zweifelhaft, ob das Citat wirklich der angegebenen Stelle entnommen sei; der Ausdruck *vyâkhyâna* spricht aber doch entschieden dafür. Die Ansicht Franke's, dass in diesem Falle das Tribhâshyaratna jünger sein müsse als der Kommentar der Sarvasaṁmataçikshâ ist allerdings abzuweisen, da das Citat sich, wie bemerkt, nur in G. und M. findet und daher jedenfalls erst in der gemeinsamen Stammhandschrift der beiden interpoliert ist. In Râjendralâla Mitra's Ausgabe fehlt es daher mit Recht.

3) Im Kommentar zu 366 (*saṁhitâyâṁ lakshaṇaṁ çîksheti vijñeyam*) lesen D. E. statt des in A. stehnden *çîksheti Bharadvâjaçîksheti* (so). Diese Änderung ist aber sicher sekundär.

4) In D. E. ist der Vers in den Text gedrungen.

Quelle nachweisen, wenn wir auch bei der Allgemeinheit mancher dieser Verse und ihrer öfteren Wiederkehr in verschiedenen Werken, nicht sicher sind, dass dem Verfasser gerade diese vorgelegen hat. Ein Halbçloka unter 274 ist die zweite Hälfte der eben erwähnten Regel 20 der Sarvasammataçikshâ. Das Citat *çeshâḥ sprshṭâ halaḥ proktâḥ* unter 2 findet sich in der Pâṇinîyaçikshâ (Ṛ. 38; Y. 30). Ebenda wird auch die zweite Hälfte von Pâṇ. Ç. 11 (Ṛ.; Y. 23) angeführt. Dieselbe Regel kehrt vollständig noch einmal unter 263 wieder, doch ist hier das Citat nur indirekt, da der çloka mit seiner ganzen Umgebung aus dem Tribhâshyaratna zu 21, 1 abgeschrieben ist. Das gleiche gilt für einen zweiten çloka (*durbalasya* u. s. w.) und den Anfang eines Verses (*svarâs tu brâhmaṇâ jñeyâḥ*) unter derselben Regel (263), die sich im Çikshâsamuccaya, ganz ähnlich aber auch in der Yâjñavalkyaçikshâ (111 und 86 der Ausgabe), der Mâṇḍûkîçikshâ u. a., wiederfinden. Als Beispiele zu Regel 60 werden zweimal je drei Halbçloka's angeführt und ausführlich erläutert, die aus der schon früher erwähnten Jaṭâvali herrühren. Dass dem Kommentator die Jaṭâvali bekannt war, zeigt auch seine Erklärung von Regel 63, deren Wortlaut sichtlich unter dem Einflusse einer Regel dieses Schriftchens steht. Unter 1 wird uns ferner ein çloka über die Bedeutung von *om* und *atha* geboten, den mit geringer Abweichung auch Uaṭa in seinem Kommentar zu Vâj. Pr. 1, 17 und, wie Weber bemerkt, Govindânanda im Anfang seines Kommentars zu Çaṅkara's Brahmasûtrabhâshya erwähnt [1]). Den Vers:

prakshâlanâd dhi paṅkasya dûrâd asparçanaṁ varam,

mit dem das Tribhâshyaratna an zwei Stellen (4, 23 und 14, 4) Regeln des Prâtiçâkhya verteidigt, verwendet das Vedataijasa in demselben Sinne unter 144. Er findet sich im Pañcatantra (Bombay-Ausg. S. 154) und Hitopadeça (Schlegelsche Ausg. S. 173) [2]), etwas abweichend Mahâbhârata 3, 95 vor. Von der langen Reihe von Versen über den Nutzen des Veda u. ähnl., die das Tribhâshyaratna am Schlusse zusammengestellt hat, hat unser Kommentar nur den ersten der beiden çloka's aus dem Devîpurâṇa (unter 362) und den çloka über die Attribute des Yajurveda (unter 367) aufgenommen.

---

1) Fast wörtlich steht er auch in einer der von Râjendralâla Mitra benutzten Handschriften des Tribhâshyaratna (1, 1).

2) Böhtlingk, Mélanges Asiatiques VII, 640.

Citate aus dem Prâtiçâkhya sind, abgesehen von den Fällen, in denen aus reiner Nachlässigkeit das sûtra anstatt der entsprechenden Çikshâregel aus der Vorlage übernommen ist, seltener als man vielleicht erwarten könnte[1]). In der Erklärung von 208 wird Pr. 19, 3 angeführt, um die Identität von yama und svarita zu erweisen. Ausdrücklich als Quelle genannt wird das Prâtiçâkhya bei der Citierung von 1, 54 unter 11, von 1, 56 unter 56, von 17, 8 unter 361, von 24, 5 unter 262 und von 24, 6 unter 362. Der Grundsatz, dass unter einem Worte auch ein gleichlautendes mit inlautendem anusvâra zu verstehn ist, wird unter 56 durch den Hinweis gestützt, dass er in Übereinstimmung mit dem Prâtiçâkhya aufgestellt sei. Die Bemerkung ist in Hinblick auf Pr. 8, 15 und 11, 4, vielleicht auch 16, 29 gemacht. Die Regel 235 soll nach einigen deshalb gegeben sein, weil die selbständigen Laute, hier speciell die svarabhakti, der Ansicht des Prâtiçâkhya zufolge zur folgenden Silbe gehören. Die einzige Regel des Prâtiçâkhya, die sich mit der Silbenzugehörigkeit der svarabhakti beschäftigt, ist 21, 6. Sie lehrt aber gerade umgekehrt, dass die svarabhakti zur vorausgehnden Silbe zu rechnen sei, und es ist lediglich ein Kunstgriff des Kommentars, wenn er erklärt, dass sie für gewisse Fälle auch das Gegenteil vorschreibe. Jene Leute müssen sich also dieser Erklärung angeschlossen haben, vorausgesetzt, dass die Stelle im Vedataijasa nicht verderbt ist. Unter 268 wird angegeben, dass die Regel von der Zugehörigkeit eines *r*, dem ein mit pracaya versehenes *ṛ* folgt, zur folgenden Silbe gemäss der Ansicht des Prâtiçâkhya gegeben sei. Auch hier weiss ich nicht, auf welche Regel der Kommentar Bezug nimmt, da das Prâtiçâkhya über diesen Punkt gar nichts sagt. Unter 287 wird bemerkt, dass auch im Prâtiçâkhya gelehrt würde, dass *ai* und *au* in *a* und *i* bezugsweise *a* und *u* zerfalle; diese Angabe findet sich in den sûtra's 2, 26. 28. 29. Als erstes Lehrbuch seiner Gattung und als Richtschnur in Fragen des sandhi wird das Prâtiçâkhya im Kommentar zum Einleitungsverse und zu 64 hingestellt.

Die Beziehungen auf die grammatische und lexicographische Literatur sind noch geringer. Unter 111 wird bemerkt, dass die

---

1) Die Çikshâ selbst bezieht sich in 346 im allgemeinen auf die Prâtiçâkhya's. Es wird dort bemerkt, dass *Prâtiçâkhyâdishu* das mittlere Tempo als Grundlage für die Quantitätsbestimmung genommen werde. Die Beziehung auf das Prâtiçâkhya, die in dem Ausdruck *tadupasargâḥ* in 245 liegt, halte ich für sekundär; vgl. S. 65 Note 3.

Regel über den Abfall des *v* einer Partikel nach betontem *tu* oder *nu* gemäss der Lehre der Grammatik gegeben sei. Doppelkonsonanzen zwischen zwei Vokalen im Wortinlaute, auf die Ç. 246 bezug nimmt, muss man nach dem Kommentar aus der vedischen oder grammatischen Überlieferung erlernen. Stücke aus den Çivasûtra's kommen unter 2 vor. Ebenda wird Pâṇ. 1, 1, 71 citiert, um die Bildung der pratyâhâra's zu zeigen, und mit einer Erklärung versehen, die fast wörtlich mit der der Kâçikâ übereinstimmt [1]). Die besondere Anführung des visarga neben den Konsonanten (*halaḥ*) in 320 wird damit motiviert, dass in Paṇini's Grammatik (*Pâṇinîye*) der visarga nicht in den *halaḥ* einbegriffen sei. Pâṇ. 2, 4, 2 ist unter 286 angeführt; das Tribhâshyaratna citiert das sûtra für einen ähnlichen Fall unter 2, 12. Vollständig aus dem Tribhâshyaratna zu 1, 53 übernommen ist die Notiz unter 149, dass die Anhänger des Pâṇini Ausdrücke wie *evakâra*, *apikâra* u. ähnl. gutheissen [2]). Ebenso ist der erste Teil von Amarakoça 3, 3, 246 unter 1 nur ein indirektes Citat, da es sich im Tribhâshyaratna zu 1, 1 im gleichen Zusammenhange findet.

Der Name des Verfassers wird uns viermal in den Handschriften genannt. Da die Angaben ziemlich von einander abweichen, führe ich die Stellen, soweit sie in Betracht kommen, wörtlich an [3]). Der Schlussvers lautet:

çrîântaraṅginaVyâsaçîkshâyâ bhâshyam uttamam |
VelamîkanyâpûrjâtaSvarâvadhâninâ kṛtam ||

Am Ende des saṁjñâprakaraṇa lesen wir in A. B. C. *çrîSûryanârâyaṇaviracite Vedataijase*, in D. *çrîVelamîkanyâSûryanârâyaṇâvadhâniviracite Vedataijase* [4]), am Ende des pûrvaikyaprakaraṇa in A. *çrîSûryanârâyaṇaviracite Vedataijase VerimakanyâSvarâvadhâniviracite* [5]), in B. *Sûryanârâyaṇaviracite Vedataijase* [6]), am Ende des uccâraṇaprakaraṇa in allen drei Handschriftun *çrîVelamîkanyâSvarâvadhâniviracite Vyâsaçîkshâvivaraṇe*. Die wichtigste dieser Angaben, da sie sicher vom Verfasser selbst herrührt, ist natürlich die im Schlussverse enthaltene. Es geht daraus hervor, dass Ve-

1) *âdir antyenetâ saha* (A. C. D. E. *antyena saha*; B. *antyena sahetâ saha*) *gṛhyamâṇo madhyagânâṁ svasya ca grâhaka iti.*

2) Die Abweichung *Pâṇinîye* statt *Pâṇinîyâḥ* beruht wohl nur auf einem Versehen.

3) Unbedeutende Fehler der Handschriften sind verbessert.

4) In E. fehlt die Angabe des Verfassers.

5) Handschrift: °*nivi*°.

6) In D. E. fehlt die Unterschrift.

lamîkanyâpur seine Geburtsstadt war. Es ist mir nicht gelungen, die Lage dieses Ortes zu ermitteln. In welchem Teile Indiens wir ihn zu suchen haben, ist klar. Schon die Benutzung der südindischen Handschriften des Tribhâshyaratna beweist, dass der Verfasser im Süden lebte. Das wird durch den Sprachgebrauch bestätigt. Im Kommentar zu 196 wird das Taittirîyabrâhmaṇa als Parâyata[1]) bezeichnet. Dieser Name wird mehrfach bei Oppert, Lists of Sanskrit Manuscripts, als der Titel eines Brâhmaṇa angegeben, und ich zweifle nicht, dass er der bei den südlichen Brahmanen gebräuchliche Name des Taittirîyabrâhmaṇa ist. Schwieriger ist die Feststellung des Namens. Es liegt entweder ein Doppelname vor, Svarâvadhânin und Sûryanârâyaṇa, oder, was mir wahrscheinlicher zu sein dünkt, Sûryanârâyaṇa war der wirkliche Name und Svarâvadhânin drückt ein Amt oder eine Beschäftigung aus.

Nachträge und Verbesserungen.

S. 12 Z. 12 lies „ûshman und sparça“ statt „sparça und ûshman“.
S. 12 Z. 18 lies „nach kurzem Vokal stehnden“ statt „verdoppelten“.
S. 14 Z. 29 lies „zweiten“ statt „ersten“.
S. 19 Z. 31 lies „25“ statt „24“.
S. 21. Eine andere Regel, die höchst wahrscheinlich durch Textverderbnis an die falsche Stelle geraten ist und dadurch ihren ursprünglichen Sinn völlig verloren hat, ist 1, 26: *anekasyâpi*. Nach dem Kommentar, der *saṁdehe* aus 1, 25 fortgelten lässt, lehrt sie, dass in zweifelhaften Fällen mehr als ein Wort oder mehr als ein Laut citiert wird. Als Beispiele werden die Regeln 5, 19 und 4, 11 angeführt, in denen den Wörtern *ekayâ* und *uttare* zur näheren Bestimmung die vorausgehnden Wörter *tishṭhanti* und *eva* beigegeben sind. Whitney hat schon bemerkt, dass sowohl die Form als auch der Inhalt der Regel dieser Erklärung widersprechen: der Genitiv *anekasya* stimmt nicht mit dem Akkusativ *âsannam* in 1, 25 überein, und die Regel ist völlig überflüssig, da

1) A. B. lesen aber *Parâyâta*. Im Kommentar zur Âraṇyaçikshâ (Bl. 13a) wird das Wort als Synonym von *Pârakshudra* gebraucht, das nach dem Kommentar zu Âpastambha's Çrautasûtra 5, 15, 3; 6, 31, 12 in Verbindung mit *yajus* und *anuvâka* gewisse Sprüche bezeichnet.

sie uns nichts lehrt, was wir nicht schon aus 1, 25 entnehmen können. Für den Kommentar ist indessen dieser zweite Fehler nicht vorhanden, da er, was Whitney nur zum Teil gesehen hat, 1, 25 in ganz abweichendem Sinne erklärt. Seine Auffassung der Regel geht aus dem ersten der von ihm angeführten Beispiele und der Erklärung desselben deutlich hervor. In Pr. 4, 11 wird die pragrahaschaft für *uttame* mit vorausgehendem *ca* (*cottame*) gelehrt. Die betreffende Stelle der saṁhitâ lautet: *syayamâtṛṇṇâṁ ca vikarṇîṁ cottame* (5, 3, 7[3]). Da hier das Wort *ca* zweimal vorkommt, so entsteht der Zweifel, welches von beiden man als nimitta der pragrahaschaft ansehen soll; allein 1, 25 lehrt, dass dasjenige *ca* gemeint ist, welches dem der Regel unterliegenden Worte (*uttame*) am nächsten steht. Als zweites Beispiel giebt er *â pṛshati* aus 4, 15. Der Fall ist, wenn man den saṁhitâtext (*gâtrâṇy asinâ mithû* ... *te yuñjâ pṛshatî* 4, 6, 9[4]) betrachtet, dem eben genannten durchaus analog. Ausserdem wird die Regel in der Untersuchung über die Richtigkeit des sûtra 4, 23 zweimal in genau demselben Sinne verwendet. Whitney nennt mit Recht diese Erklärung fast albern. Der Çikshâverfasser hat die Regel offenbar richtig verstanden. Er giebt sie in 15 durch *saṁdehe saṁnidhiṁ tv api* wieder, was nach dem Kommentar den gleichen Sinn ausdrückt, den das Tribhâshyaratna in 1, 26 sucht. Das letztere ist zu seiner Interpretation von 1, 26 wahrscheinlich auch nur durch das Bemühen gekommen, das Prâtiçâkhya von dem Vorwurf zweckloser Wiederholung des schon einmal Gesagten zu befreien. Und in der Tat ist auch die Annahme einer solchen Wiederholung geradezu unmöglich; man muss also versuchen, für das sûtra 1, 26 eine andere Erklärung zu finden.

Nun habe ich schon S. 76 darauf hingewiesen, dass das sûtra 1, 22 *grahaṇasya ca* eigentlich noch einer Ergänzung bedarf. Es erlaubt die Anführung eines Wortes auf *a*, ohne mit dieser Citierungsweise einen bestimmten Zweck zu verbinden, während tatsächlich nur dann ein Wort auf *a* citiert wird, wenn dadurch mehrere Formen desselben bezeichnet werden sollen. Ich halte es daher für sehr wahrscheinlich, dass 1, 26 ursprünglich hinter 1,22 stand; *grahaṇasya ca* und *anekasyâpi* ergänzen sich vortrefflich zu der Form der Regel, die wir erwarten[1]). Mit Berücksichtigung

1) Höchstens könnte man an dem *api* Anstoss nehmen. Ganz streng genommen würde dadurch ja angedeutet, dass auch Citate auf *a* vorkommen, die sich nur auf ein einziges Wort beziehen. Mir ist aber kein Beispiel dafür bekannt. Sollte der Verfasser vielleicht an Fälle wie *akurva* (für *akurvata*) in 5, 7 gedacht haben?

der S. 20 vorgeschlagenen Umstellungen würde also die Reihenfolge der Regeln in dem Abschnitte 1, 21—28 sein: 21. 22. 26. 24. 25. 27.[1]) 23. 28. Die Çikshâ scheint übrigens schon die Regel 1, 26 an der jetzigen Stelle vorgefunden zu haben. Es würde sonst wenigstens sehr auffallend sein, dass sie in 15 (*adantaṁ grahaṇaṁ vâ syât*) die Citierung auf *a* ohne den in Pr. 1, 26 enthaltenen Zusatz lehrt.

S. 23. Interpoliert sind, wie Whitney bemerkt hat, auch die Worte *ûshmâ cet paraç ca* in 21, 9.

S. 30. Auch das Verbot der Verdopplung für einen Konsonanten in der Pause (Pr. 14, 15) bezieht sich auf die drei sekundären Textarten. Whitney bemerkt, dass die Regel nur auslautende Konsonanten nach *r* betreffen könne. Das bestätigen sowohl die Beispiele des Kommentars als auch die Çikshâ, die anstatt jenes Verbotes in 241 die Verdopplung nach *r* mit der Einschränkung lehrt, dass dem *r* noch irgend ein Laut folgen müsse. Da es nun aber, soweit ich sehe, in der saṁhitâ kein Beispiel für einen auf *r* folgenden Konsonanten in der Pause giebt, so muss die Regel auf Wörter wie *ûrk* (4, 7, 4[1]), *amârṭ* (7, 1, 1[2]) gehn, wenn sie in den sekundären Textarten in der Pause stehn.

S. 33. Auch Pr. 8, 23 ist um des jaṭâpâṭha willen in der Çikshâ verändert. Dort wird die Verwandlung eines visarga in *s* nach kurzem *a* (*akâra*), in der Çikshâregel (150) nach jedem *a*-Vokal (*avarṇa*) gelehrt. Den Grund für die Erweiterung gab nach dem Vedataijasa die jaṭâstelle *patiḥ pṛthivyâḥ pṛthivyâs patiḥ patiḥ pṛthivyâḥ*. Das *s* tritt hier nach Pr. 8, 27 Ç. 153 ein, wo die allgemeinen Bestimmungen aus Pr. 8, 23 Ç. 150 fortgelten. Vgl. S. 60 Note 4.

S. 36. krama im Sinne von dvitva kommt auch Pr. 21, 16 vor.

S. 45 Z. 9 lies „*ghrâsm*“ statt „*ghrâçm*“.

1) 1, 27 gehört aber wohl hinter 1, 20. Bei der grossen Unordnung, die in diesem Abschnitte herrscht, hat diese Annahme nichts Unwahrscheinliches mehr.

Lebenslauf.

Ich, Heinrich Lüders, evangelischer Konfession, wurde am 25. Juni 1869 in Lübeck geboren. Von Ostern 1875 an besuchte ich das Gymnasium meiner Vaterstadt, das ich Ostern 1888 mit dem Zeugnis der Reife verliess, um mich in München philologischen Studien zu widmen. Ich besuchte hier die Vorlesungen der Herren Docenten Brenner, Carriere, Geiger, Hofmann, Hommel, Krumbacher, Kuhn, Muncker, Muther, Oberhummer, von der Pfordten, Wölfflin. Michaelis 1889 bezog ich die Universität Göttingen und hörte hier die Kollegien der Herren Professoren Bechtel, Heyne, Kielhorn, Lange, W. Müller, Pietschmann, Roethe. Allen meinen hochverehrten Lehrern, insbesondere aber Herrn Prof. Kielhorn, der mich stets aufs wohlwohllendste mit Rat und Tat unterstützte, sage ich hier öffentlich meinen wärmsten Dank.